《中国计划生育制度变迁问题研究》，20FFXB011，2020年国家社科基金后期资助一般项目

《粤港澳大湾区生育友好型社会制度研究》，2022GGBT08，粤港澳大湾区发展广州智库 2022 年度课题

广东工业大学数据法治与湾区治理研究团队

华南理工大学广东地方法制研究中心

| 光明学术文库 | 法律与社会书系 |

生育自由理念下的
生育激励机制研究

谢　郁 ｜ 著

光明日报出版社

图书在版编目（CIP）数据

生育自由理念下的生育激励机制研究／谢郁著．--
北京：光明日报出版社，2022.10
ISBN 978-7-5194-6855-2

Ⅰ.①生… Ⅱ.①谢… Ⅲ.①生育—激励制度—研究
Ⅳ.①C923

中国版本图书馆 CIP 数据核字（2022）第 190809 号

生育自由理念下的生育激励机制研究
SHENGYU ZIYOU LINIAN XIA DE SHENGYU JILI JIZHI YANJIU

著　　者：谢　郁

责任编辑：李月娥　　　　　　　　　责任校对：阮书平
封面设计：中联华文　　　　　　　　责任印制：曹　净

出版发行：光明日报出版社
地　　址：北京市西城区永安路 106 号，100050
电　　话：010-63169890（咨询），010-63131930（邮购）
传　　真：010-63131930
网　　址：http://book.gmw.cn
E - mail：gmrbcbs@gmw.cn
法律顾问：北京市兰台律师事务所龚柳方律师

印　　刷：三河市华东印刷有限公司
装　　订：三河市华东印刷有限公司
本书如有破损、缺页、装订错误，请与本社联系调换，电话：010-63131930

开　　本：170mm×240mm
字　　数：192 千字　　　　　　　　印　　张：14
版　　次：2023 年 1 月第 1 版　　　印　　次：2023 年 1 月第 1 次印刷
书　　号：ISBN 978-7-5194-6855-2

定　　价：89.00 元

谨以本书献给那些为了生育与生活苦恼，并为此承受道德压力的人们，献给那些期待着能够缔造出一个适合养育子女、能让孩子们安心健全成长的美好社会的人们，献给那些坚持生育自由理念并为之奋斗的人们，献给那些奋斗在计划生育第一线，尊重人性尊严并怀揣中国梦的人们。你们的盼望与实践是我写作的最重要的动力。

——谢郁

内容提要

    党的十九大报告要求"促进生育政策和相关经济社会政策配套衔接，加强人口发展战略研究"。社会生育观念的改变，使政策放开没有迎来生育潮，人口结构危机、低生育率的现实，使得传统生育保障制度有了承担激励生育功能的压力。与此同时，随着"三孩政策"的提出以及2021年新修订《中华人民共和国人口与计划生育法》（简称为《人口与计划生育法》）中惩罚性措施的取消，生育权从而获得生育自由的完整意义，有了向公法拓展的可能。然而，若坚持生育工具主义的旧思路，忽视人的实践主体性，并简单将生育激励看作对生育主体的"利益刺激—行为反应"，不顾生育自由及围绕着生育实践而产生的相关权利冲突，那么，看似激励生育的一些制度措施不仅不会达致目标，反而会招致更严峻的社会问题。这也就意味着，我们必须站在保障生育权的基础上建构生育激励机制。

    以生育自由为核心的生育权，应当从规范与实践两个层面展开分析。规范层面，通过霍菲尔德式的权利模型分析，所揭示的生育权更多是一种特权，生育主体只有消极的生育自由，积极的生育自由应建立在合意之上。在此基础上，将生育权客体区分为生育能力与生育行为，可细分出具有不同性质的生育能力支配权、生育行为自决权、生育信息知情权和生育保障获得权四项权能，目的是保障主体能够在生育实践中自主采取一种理性的选择。实践层面，生育自由理念的具体内涵及实现样态，取决于我国历史实践的反思和商讨程序的论证，并受制于生育制度的影响。生育制度必须围绕子女抚育、家庭结构以及生育合意成本展开，才能在不减损生育自由的前提下，实现其制度目的。建构生育激励机制，关键在于三点：一是明确生育自由理念在生育实践中的作用，对此做权利的规范分析，进而明确生育权的具体内涵（第一章、第二章）；二是在不同社会生育观念冲突间把握与生育自由观念的关系，指出生育自由的权利话语功能，并探讨生育激励机制的制度建构原则（第三章）；三是处理不同关系主体间的权利义务关系，重塑生育休假制度、托育供给制度等相关制度，提出以婴幼儿保育权为中心、四类不同的主体关系构建生育友好型的社会的蓝图（第四章、第五章）。

　　生育自由理念下的生育激励机制建构，根本在于解决婴幼儿能否安心健全成长、男女平权是否实现、社会再分配是否公平等问题上，最终目标是要建设一个生育友好型的社会。因此，我们除了生育权的保障外，还应当站在儿童（尤其婴幼儿）的视角将整个社会关系纳入来重新审视其成长，平衡围绕着婴幼儿成长所关涉的主体之间的权利义务与责任，因而需要设定保育权这一新的概括性权利。概言之，生育自由理念下的生育激励机制主要涉及两项权利——生育权与保育权，对生育权的保障是生育激励机制构建的前提与基础，而对保育权的保障是生育激励机制构建的中心和重心。这两项权利很好地涵盖"生—育"整个过程，并指向了不同主体的权、责、利关系，从而共同完成生育激励机制的建构。只有这般，才能更好地解决婴幼儿安心健全成长、男女平权与社会再分配的公平等问题，最终建成一个生育友好型社会，促使人口生育与经济社会发展和谐统一。

序一

我认识谢郁博士系因 2014 年春季在华南理工大学召开的"中国地方法制发展论坛",当时作为点评人点评了他关于生育权的文章。时值 2022 年,"生育激励""构建生育友好型社会"已然成为国家层面亟待探索的重点议题,真正有利于推进生育激励的研究正是国家发展所必需的,其中势必会涉及公民生育自由与国家政策之间的关系问题。令人欣慰的是,谢郁博士深耕生育领域的研究已经近十年,从对公民自由的生育权研究演进到从权利与政策间互动关系探索生育本身的复杂性,已然形成了较为成熟的理论框架。正因为出于对理论的执着和对现实的关切,可以说本书绝非应景之作,而是试图解锁"生育"一词,对这项既应当属于公民权利范畴,又被纳入国家人口与生育政策领域的概念进行解释,试图从中提取出国家生育激励政策为何频频失效的原因,以及从公民、社会、国家三个主体出发给出更佳的解决方案。

随着我国人口结构与生育率的变化,中国计划生育政策的目标已然发生改变。过去,我一直呼吁生育自由与人权保障,一度指出在实行对公民生育自由进行强力干预的计划生育政策的影响下,我国出现了劳动力不足、老龄化社会提前到来、人口结构不合理等人口发展上的问题。如今,"三孩政策"的提出以及新修订的《人口与计划生育法》中惩罚性措施的取消，社会现实事件中频频有单身女性积极通过法律途径寻求单身女性生育权，可以说生育权的讨论重新进入新的阶段。公法学者在此时不应当失语，应当在政府与公民的角度上进一步反思生育权，并探讨政府在公民生育问题与国家经济发展关系中应当扮演何种角色，以及如何更好地承担其责任。

本书正是站在这一问题意识上，探讨建立在生育自由理念下的生育激励机制。谢郁博士从生育自由理念入手，揭示出生育自由理念不是一种信念理由，这一判断实际否定了一个社会惯常的印象——生育自由理念导致人们选择不生或少生。恰恰在生育自由理念下，国家有关"生"与"育"的积极权利保障政策与制度措施才能更好影响人们对生育的选择。而且，生育自由理念能够更好地统合当前社会的多元化生育观念，为国家生育激励机制的建构留下空间的同时，规定该激励措施的作用机制。本书以生育权与保育权的保障与实现为核心构建生育激励机制。在谢郁博士看来，生育权核心主张是一种霍菲尔德式的特权，生育主体只有消极的生育自由，积极的生育自由应建立在合意之上。激励生育要促成社会个体的合作以及面临新生命的诞生与成长，而限制生育只需要针对原子化的个人及其生育能力即可，因而激励生育相较于限制生育困难得多。

此外，本书详细论述了生育权的四项具体权能，即生育能力支配权、生育行为自决权、生育信息知情权和生育保障获得权，对国家激励生育的同时，提出了更高的保障生育权的责任要求。尤其是生育保障获得权，在本书的论证逻辑里，该权利不是基于生育权的所谓人权属性而自然获得的，而是基于国家计划生育制度产生的，或者说公民通过实行符合计划生育政策及制度的生育行为而拥有的。根据这一相当"务实"的论断，公民的生育权保障力度看似受到了限制，但在当下也是促进生育权保障的可能窗口。

生育激励的实现显然不能只将目光汇聚在"生"的领域，实际上"育"对生育率的影响举足轻重。保育权方面，本书指向的权利主体是0—3岁的婴幼儿，而本人近些年也在从事学前教育立法的研究，并参与了《学前教育法草案（征求意见稿）》专家论证会。对此，我一直坚持"学前教育"服务的对象，即《学前教育法》的适用范围不应该将0—3岁婴幼儿排除在立法调整范围之外。谢郁博士在论证婴幼儿保育权时，将其置于一种主体关系框架之中进行论述和建构。即"将婴幼儿保育涉及的诸多关系中的权利、信赖、责任以及关怀予以结构化"，其中包括以监护人养育为核心的亲子关系、以保育员托育为核心的服务关系、与他人共同成长的伙伴关系和作为社会共同体一员的连带关系。总而言之，在他看来，保育制度的建立实乃生育自由理念下的生育激励机制的核心制度，其有助于保障婴幼儿的安心健全成长，并能够推进男女平权与遏制少子化的社会现象，是构建生育友好型社会的核心权利依据。

不论是生育权抑或保育权的论述，本书都呈现出深切的现实关怀和家国情怀，这体现在其对任何一项权利都不仅仅停留在规范层面的探讨，而将之置于实践层面中，置于不同主体权利的关系中进行论述。这无疑是一项考验作者逻辑思维能力和毅力的工作。本书一直试图在某种规范理想的指向下，平衡各种主体的利益，并推演相应的生育激励措施能够获得良好效果的路径。本书有不少有意思的论断和不少闪光的理论创见，有赖读者们去发现。

总的来说，对于生育自由理念下的生育激励机制建构，本书指出了一个重要的方向，即应当以生育权与保育权的实现与保障为视角，以构建生育友好型社会为目标展开的生育激励机制才可能是有效的。生育激励能够获得现实成效，理论层面抽丝剥茧的研究工作不可或缺，本书或许为此提供了较为严谨的理论分析体系。而减少公民生育权保障与国家政策实现之间的张力，实现公民生育权保障和国家人口与生育目标的"同频"还需要实践来完成。学者能够将理论融于现实，又能将现实凝练成理论并进行逻辑的梳理和思想的创造，本身就是值得坚守的事。一件事能够坚守十年去研究，必定证明他有信念支撑，期待谢郁博士能够在"生育"研究中获得更多的建树，我也相信他能够。

2022 年 4 月 6 日

序二

谢郁博士的《生育自由理念下的生育激励机制研究》即将出版，可喜可贺。他的这部作品，主要观点和思考框架都形成于他的博士、博士后学习、研究时期，当时，我们的交往相当密集，当然也会就这一主题时而讨论，有过多次交流，以至于给我留下了深刻印象。

自由的概念，根本上都是主体性的，是从主体自身出发而排斥他人干预的结果，生育自由也是如此。对于我们这些曾经经历过一个漫长的"计划生育"时期的几代中国人来说，面对生育自由的提法，恍惚之间，多少有点不知所措。"计划生育"作为一个国策施行多年，当然是一种对生育行为的国家约束，但是，每个人的理性的生育安排，何尝不是体现为一定的"计划"之中？可见，生育自由，当然，或许也包括所有的自由，都是一个结构性的概念，也就是需要通过与他者的关系来加以定义，实际上，也就是需要通过社会关系的结构进行考察。

进一步地思考，可以发现，与国家强制性的计划生育所不同的是，更多的生育自由，意味着主体需要自己更多地来决定有关生育的一切事务，这时，主体必须摆脱自身的局限、狭隘和片面性，通过与他者、社会的关系，才能真正实现自己的自由，从而真正进入一个"后计划生育"时期。正是从这个意义上，谢郁博士强烈地反对以"利益刺激——

行为反应"的方式促进生育激励，后者目前是国内许多学者和政府部门为解决生育率偏低而开出的药方，尽管利益刺激方式各不相同。生育自由根本上要解决的是人们愿意养育更多的后代的问题，而利益刺激似乎仅仅是一种交换，以实现国家需要。作者提出"生育自由理念下的生育激励机制"，就是希望将生育问题的解决纳入古典的"生育自由"的范畴之下予以思考，将其作为一个主体解决自身问题的法律问题进行研究，因为，只有将这个问题法律化，才能为主体生育决策提供稳定的指引。

鉴于上述原因，为了充分展示自由的生育活动所关系到的社会关系及其建构，谢郁博士围绕生育制度的两个主要面向，即"生"与"育"，构建了生育权与保育权两个法律概念，并分别展开积极地研究。他从主体权利实现的角度，以生育激励为抓手，就生育主体"生"的自由与"育"的自由所需要的与他者的权责利关系进行了制度化的分析，按作者自己的话说，就是尝试构建一个"生育激励机制"，以创造"生育友好型的社会"。这个思路同样是富有建设性的。通过法律制度的构建，提供生育领域稳定的行为预期，为生育主体自由合理地安排生育活动提供有效的行为指引，使生育主体可以自由地按照自己的需要、意愿、热爱来安排自己的生育行为，不仅契合了法治社会建设的需要，而且也可以促进人的主体性进一步实现。

在对生育权与保育权的分析中，作者分析问题手法的细致与缜密，同样给了我们很多的乐趣和启发。例如，他将生育权具体化为四项权能，即生育能力支配权、生育行为自决权、生育信息知情权和生育保障获得权；再如，在谈到为何要提出一个保育权的概念时，他认为，过去，对于婴幼儿，更多的是家庭抚养与社会托育，而这往往被归入父母的监护义务范围。作者将此视为来自血缘关系或家庭视角的构建，认为在实践中会遭遇诸多问题。

　　谢郁博士的这部作品基本上反映了目前他对这一问题的主要研究思路，显而易见的是，这仅仅只是一个开始，有许多问题还有待深入思考和研究。期待他有更多的有趣的观点和成果分享给我们。

2022 年 4 月 22 日

于杭州月轮山

目 录
CONTENTS

序　言

从国家统计局公布的 2015—2020 年中国人口数据与 2020 年第七次全国人口普查数据来看，"全面二孩"的实施效果不但远远低于国家卫计委的预测，而且自 2017 年始出现了出生人口下降的趋势（表 1）。

表 1　2015—2020 年全国人口出生及年龄构成表

	全国人口①（万人）	出生人口（万人）	出生率（‰）	自然增长率（‰）	16—59 周岁劳动人口（万人）	16—59 周岁劳动人口总人口比（%）	65 岁及以上人口（万人）	65 岁及以上总人口比（%）
2015	137462	1655	12.07	4.96	91096	66.3	14386	10.5
2016	138271	1786	12.95	5.86	90747	65.6	15003	10.8
2017	139008	1723	12.43	5.32	90199	64.9	15831	11.4
2018	139538	1523	10.94	3.81	89729	64.3	16658	11.9
2019	140005	1465	10.48	3.34	89640	64.0	17603	12.6

① 全国人口是指大陆 31 个省、自治区、直辖市和现役军人的人口，不包括居住在 31 个省、自治区、直辖市的港澳台居民和外籍人员。

续表

	全国人口（万人）	出生人口（万人）	出生率（‰）	自然增长率（‰）	16—59周岁劳动人口（万人）	16—59周岁劳动人口总人口比(%)	65岁及以上人口（万人）	65岁及以上总人口比（%）
2020	141178	1200①	—	5.3②	89437	63.35	19063	13.50

注：数据整理自国家统计局网站"全国年度统计公报"2015—2019年，第七次全国人口普查公报（第二号）。③

　　值得注意的是，2017年出生人口下降，主要是一孩出生人口下降，而2018年则是二孩出生人口也大幅下降。如若考虑到生育意愿随着代际递减的话，加之总和生育率持续低于2.1的数据，这意味着二孩出生存量的下降是不可逆的。与此同时，按照世界人口老龄化的具体标准，60岁以上的人口占总人口比例达到20%，或65岁以上人口占总人口的比重达到7%而言，我国已然迈入了老龄化社会。少子老龄化社会所带来的问题是深刻且长远的，这一点，我们的邻国日本已然带给我们足够多的经验教训及启示。日本自20世纪90年代即已深受少子老龄化困扰，并在各方面开展刺激生育的政策，但由于代际间家庭结构、婚恋观念的改变，经济危机、社会压力的背景，加之片面化的刺激、断断续续的政策和非系统化的措施制度，都导致相关的少子化对策效果并不显著

---

① 根据国家统计局局长宁吉喆发布第七次全国人口普查结果时给出的两组数据：2020年我国出生人口为1200万人，2020年我国育龄妇女总和生育率为1.3。参见黑龙江网络广播电视台网.第七次全国人口普查主要数据结果新闻发布会答记者问［N/OL］.（2021-05-12）［2022-01-01］.http：//www.hljtv.com/news/folder9/2021-05-12/819170.shtml.
② 该数据与2020年全国人口与2010年第六次全国人口普查的1339724852人相比，增加72053872人，增长5.38%，年平均增长率为0.53%，比之于六普的年均增长率0.57%，下降了0.04个百分点。
③ 参见国家统计局网.2015—2019全国年度公报，第七次全国人口普查公报（第二号）［R/OL］.［2022-01-01］.http：//www.stats.gov.cn/tjsj/tjgb/ndtjgb.

（总和生育率最低从 1.29 攀爬到了 1.40 左右，2019 年更是降低到 1.36①）。日本《少子化社会对策白皮书（令和 2 年版）》记载：根据《少子化社会对策基本法》第 1 条第 7 条制定的综合、长期应对少子化的政策方针——《少子化社会对策大纲》（以下简称《大纲》），其 2020 年 5 月制定的新《大纲》（此前分别于 2004 年 6 月、2010 年 1 月 2 日和 2015 年 3 月制定）显示，2019 年出生人口数为 86.5 万人，总和生育率为 1.36，比起 2018 年的 1.42 低了 0.06 个点，加之新冠肺炎疫情的影响，日本少子化问题越发严峻。在日本学者看来，少子化是在小家庭化（核家族化）发展等多样化家庭环境背景下，阻碍每个人结婚、生育、养育子女的希望实现的各种因素，如"青年男性收入不稳定"和"单身寄生现象"两个主要因素，"两性平等进展缓慢"与"男女关系自由化"两个次要因素交织在一起的结果。② 因而少子化问题解决的具体路径，主要是对公民结婚、怀孕、生育的支援，地区、社会对公民育儿的支援，完善男女都能够兼顾工作和育儿的环境，包括多子女家庭援助在内的经济援助等。

需要指出的是，新《大纲》的目标是实现"出生率 1.8"，但根据笔者在日本期间于不同地方的调研及相关研究，上述新《大纲》的主要措施，基本还是延续之前的做法，或在范围、程度与落实方面加强。然而，这终究还是会让人生疑，即为何过往的这些做法实际都未能取得显著的效果，延续之前的做法能够达成 1.8 的目标吗？这一问题，在笔者看来，实际上可在前些年的一份报告及安倍提出的"地方创生经济

---

① 内閣府. 出生数、出生率の推移［R/OL］//令和 2 年版：少子化社会対策白皮书（2020-07-01）［2022-01-01］. https://www8.cao.go.jp/shoushi/shoushika/whitepaper/measures/w-2020/r02pdfhonpen/r02honpen.html.

② ［日］山田昌宏. 少子社会［M］. 丁青，译. 上海：上海教育出版社，2021：10.

活化方案"中得到一定的解答。如果地方经济（相对于首都圈而言）没有得到良好的发展，无法留住年轻人口，而年轻人口也总是涌向首都圈或经济发达的地方，高强度的工作与生活压力以及城市的婚恋观念，自然极大地抑制人们的生育意愿。并且在这些经济发达地区，保育措施及供给根本无法跟上，日本大量的"待机儿童"均在这类城市中，① 因而进一步抑制居民的生育意愿。而且，日本与中国在隔代照护上情况完全不同，其核家庭化即意味着大多数老人不会帮忙照顾孙子，成年的子女也不会请求父母帮忙照顾自己的孩子。这些都是日本社会本身所具有的问题，这些问题一定程度与当前的中国社会所面临的有所不同，但从长远趋势来看，中国很可能会出现类似的问题。

党的十九大报告要求"促进生育政策和相关经济社会政策配套衔接，加强人口发展战略研究"。最后，2021 年 8 月 20 日，十三届全国人大常委会第三十次会议表决通过了修改《人口与计划生育法》的决定，至此，社会抚养费的提法步入历史。常年只限于民事纠纷的生育权，将逐步获得它的全貌。生育相关的纠纷与问题被纳入公民权利的讨论范畴，由此成为我们重新探讨生育权的重要契机。同时，国家将采取财政、税收、保险、教育、住房、就业等支持措施，减轻家庭生育、养育、教育负担。上述政策转变的背后，是社会生育观念的改变。政策放开已无法迎来生育潮，人口结构危机、低生育率的现实，使得我国计划生育制度，或者传统的生育保障制度有了承担激励生育功能的压力。然

---

① 根据日本 2001 年的（新）定义，待机儿童指向市区町村提交保育所入所申请书，并且符合入所条件，但实际上没有获得保育服务的儿童。但是，由于有特定想去的园区而等待的儿童，以及通过"保育妈妈"（主要将自家作为保育园的替代来看小孩，又称家庭保育员）和地方公共团体的单独保育措施接受保育的儿童不包括在内。日本政府的最新官方数据显示，日本的待机儿童主要集中在城市，占全体的70%，在日本全国 1741 个市町村中，约八成的市町村（1306个）的待机儿童数为零。参见待機児童解消に向けた取組の状況について［R/OL］.（2018-04-01）［2022-01-01］. https：//www.mhlw.go.jp/content/11907000/000356833.pdf.

而，若仍坚持生育工具主义的旧思路，忽视生育自由及相关权利冲突，看似激励生育的一些制度措施，不仅不会达致目标，反而会招致更严峻的社会问题。在 2018 年曾引发舆论的"设立生育基金，公民按工资基数缴纳"专家意见，就是这样一个例子。当时，一石激起千层浪，很多人视为吹风，认为这一制度可能真要来了。随后，中央网等官媒纷纷站出来指出这一措施乃荒唐之举，人们才心悸稍减。然而，全面二孩政策开放后，现实中所呈现的低生育率的确是个问题，长此以往，我国必然深陷少子化及社会老龄化的困境。因此，我们需要探讨在坚持生育自由的基本权利地位前提下，如何激发民众的生育意愿，鼓励民众采取适当的生育实践。

于此，笔者将花一点篇幅对该研究报告中提及的措施①进行评述，一是为了说明生育自由理念在生育激励机制中的重要性，二是探讨一些生育激励措施本身所存在的问题，为后文的论述做铺垫。

1. 关于研究报告中提到的能在短期发挥作用的人群

根据国家统计局的数据显示，开放二孩后的两年，中国每年人口增长量已出现减少。据一些媒体报道，目前放开二孩政策，主要增长的是第二孩数量，新增一孩数量在不断减少。少子化与老龄化是一体两面的问题，按照目前的资料来看，中国的确朝着这一趋势在迈进，但存在基于经济发展与人口流动因素的区域性不同。然而，生育意愿更多来自家庭成长环境，父母生育观念及给子女施加生育压力，和地方祭祀文化传统。研究者在研究中指出，从人口结构来看，1975—1985 年出生的人生育意愿较强，但目前已过最佳生育期；而 90 后人口相对减少且生育观念改变，只剩 1986—1990 年的人，数量相对较多，又有较强的生育

---

① 刘志彪，张晔. 提高生育率：新时代中国人口发展的新任务［N］. 新华日报，2018 - 08 - 14（13）.

意愿，目前在 27—31 岁之间。① 那么，1986—1990 年出生的这一拨人在代际结构及社会结构中有何特征呢？他们是一批夹在 80 初和 90 后的人，是成长过程与这个国家的市场化与现代化改革同步的同时，还残存着些许传统印记的一群人，他们其中有不少人仍保有着乡土情怀，也是 2000 年以前大部分还有兄弟姐妹的一代人（或者源于 80 年代末中央对农村政策的调整而形成的"一孩半"政策，或者计划生育初期没有狠抓"超生"的结果等）。但是，与国家改革保持同步的他们，并没有因此而获得什么改革红利。他们恰好处于新旧政策的两端，并在成长的过程中相继遭遇到了高考改革、高校扩招、市场化改革、房价飙升等。在社会上，前有赶上改革开放大潮的 60—70 年代初的一代人占据着最重要的位置，还有相对获得更好教育且已开始占据重要岗位、发挥能量的 70 年代末—80 年代初的人；后端则是比他们活得更潇洒、自由且更有个性，在 60—70 年代父母提供的相对更优渥家庭环境的 90 后。因此，在这样的社会结构中，1986—1990 年出生的一代人其实不占据优势地位。早已而立之年的他们，开始承担着重大的家庭负担，而奢侈品化的小孩教育市场、难以承担的购房及房贷、不怎么见涨的工资收入、极少的工作晋升机会，以及疫情之下的经济不景气使得他们随时面临失业的风险，这些问题足以使得他们在生育问题上变得有心无力。过去就曾有人提到，1986—1990 年出生的是被新中国"牺牲"的一代人。显然，如果将他们作为重要目标人群的话，无论从数量抑或时间而言，能够发挥的作用仍极其有限，并加重这一批人的生活负担，更进一步引发更深层次的社会矛盾和链式问题。

_____

① 长期关注生育与人口问题的经济学者任泽平，于 2021 年 12 月 11 日的微博中同样表示，目前生育二胎和三胎的主力人群是 1975—1985 年出生的这批人，原因归结为这批人还有多子多福的生育观念。在他看来，90 后和 00 后不要说生二胎或者三胎，很多人甚至连结婚都不愿意。

2. 研究报告中涉及的措施

第一，大力发展幼教产业和托幼服务。这一措施并非为了鼓励生育才被提出，这本就是一国的必要之举，是更好地保障儿童安心健全成长所必需的。而且，托育服务是国家消除社会不平等、进行社会再分配的重要手段，应该被视为社会基本公共服务。除了报告中提到的，应形成"公立幼儿园为主，民办幼儿园为辅，小区街道托幼机构补充"的多层次托幼体系，其实还应该考虑允许或鼓励有条件的企业自办托幼。过去我国曾经主要是单位托幼，历史证明其不失为一种好的方式。对于父母而言，把孩子寄托在自己的工作单位，或许更觉得方便与可靠；与此同时，提供托幼服务的企业，在留住职工与招聘上也更具有竞争力。而且更重要的是，廉价且可靠的社会托幼服务，是这一举措能否成功的关键，这依赖于国家的补贴制度或税收优惠保障。

第二，加强义务教育体系。研究报告中提及，为了与职工上下班时间匹配，应恢复小学生朝八晚五的上下学时间。2021年7月20日，中共中央、国务院发布《关于优化生育政策促进人口长期均衡发展的决定》，就提出要推动放学时间与父母下班时间衔接。然而，问题是当下许多企事业单位根本无法保证下午五时下班，尤其企业，暂且不说996，更多是在下午上六时之后才下班。若实施弹性放学制度，实际是强加给学校额外照看孩子的任务，增加老师的工作量与学校运营成本。这涉及对学校及老师的定位，而且重要的是，多出来的这部分成本应该如何平衡是需要考量的。而且，在这一措施实施中，还涉及对素质教育理念与素质教育开展方式的转变，而这又与社会竞争及评价体系息息相关。例如，2021年7月24日中共中央办公厅、国务院办公厅印发《关于进一步减轻义务教育阶段学生作业负担和校外培训负担的意见》，即"双减"政策出台以来，各地中小学开展的课后服务面临着诸多问题，包括推行受阻、自愿原则落实差、服务质量不高、师生积极性不高等。

第三，发挥基层计生干部的力量。研究者指出应树立的"人既是消费者更是生产者"的观念，仍然只是过去消费性的人口工具观念下的调整而已。引导社会恢复和树立多子多福的理念，实际也就是重新恢复传统生育观念。传统生育观念，精神上栖息在祖先崇拜、宗族祭祀的一整套文化仪式之中，物质上则建基于以"体力—自然资源"，且"反哺家庭/家族"的生产方式之上。当下社会中，这两方面都已经式微乃至消失了。整个社会结构更多是以原子化的个人为基础，失去了地缘—血缘关系主导的土壤。因此，我们应该思考在以个人生育自由与责任为核心的生育观念的基础上，如何从个人人格完善、生命完满的角度去重新认识生育实践。对于基层计生干部，重心已转向舆论宣传工作和生育保障服务工作，而且更重要的是，应当禁止通过行政命令的发包方式或指标考核来推进鼓励生育，否则，他们必然在政治压力下不惜采取各种违规或侵犯公民利益的方式去确保完成任务。

第四，建立生育基金制度，这在研究报告内属于中期措施，其在社会中引发了极大的争议，在此需要重点探讨。首先，工资属于个人合法财产，个人对其有处分权，即便在没有生育二孩、退休后可将生育基金里的钱取出来，也是侵犯了公民的财产权。国家在没有正当理由的情况下，不得强制性地留置公民的个人财产，并为此设定条件。而且，强制征收生育基金，还间接性地影响人们的生育权利，使得所谓鼓励生育带有强制意味，是对少生或不生人群做出的一种处罚。具有强制性的基金，应该满足三种条件：需要普遍地保障公民某项基本权利；具有一定的增值收益（福利）的性质；最终返还给个人。如住房公积金，就是拓展到可适用于租房，能够保障公民的住房权而具有普遍性。其次，公民有生育自由的基本权利（生或不生，生几个，怎么生是自主决定且负责的），而没有生育二孩或更多的义务。相较于生育基金制度，生育保险制度更符合生育权的规范内涵，其具有补偿妇女及其家庭在生育期中断劳动而造成的短期收入损失的社会保障功能。生育保险制度虽然最初是为了限制生育（属于正面激励措施），只适用于合法生育的情形，但随着生育的逐步放开，更多起着保障公民生育权的作用。当然，生育保险制度强制每个职工参加且受益对象为女性职工一直存在着争议，越来越多的学者呼吁应该及于所有女性，且职工工资 0.8% 的险金由企业交付，这既是赋予企业的社会责任也是保障女性的生育权与劳动权。应当明确的是，生育保险制度的前提是每个人都会生育或意外怀孕等，这一前提推定本身具有普遍性。但事实上，为了鼓励二孩及更多生育而设的生育基金制度，不应当也不可能推定每个人都会生育二孩及更多，其鼓励性本身就意味着它不具有强制性与普遍性。因此，生育基金制度不存在强制的正当性。再次，如果这是为了尽量实现二孩生育补贴的自我运转，也就意味着生育保险制度本身不能实现自我运转。那么，我们就应该追问生育保险制度不能实现自我运转的原因是什么？并明确何谓社会的基本保障？如今，面对人口问题严峻，国家财政支出是否应该加大生育领域的投入比重，而非再征收一笔特别税呢？这是需要探讨的问题。另外，从只要工作就得缴纳生育保险来看（如果工作到退休就交到退休，但女性基本上不可能到 55 岁仍生育），生育保险的目的与性质是值得探讨的，相比于基本养老保险、基本医疗保险、工伤保险或失业保险这类受益时间涵盖在保险缴纳期间或在缴纳期间之后的，更体现其社会互助共济的理念，并强调男性对女性生育的补偿。然而，这种互助共济的范围又是狭窄的，它只是限于缴纳满特定月份的职工或未就业配偶（限于生育医疗待遇）,^①从而存在公平瑕疵。① 在此基础上,若再设强制性的生育基金制度,除了在覆盖人群和功能上存在重叠外,背后所依据的价值更是欠缺正当性基础。在基本社会保障之上,我们应该赋予公民选择权可根据自身不同情况选择不同的社会险,或者商业险。最后,如果建立生育基金制度,必然会涉及与其他生育保障制度衔接的问题。目前,生育保险制度本已承担补偿女性职工及其家庭在生育期中断劳动而造成的短期收入损失的功能,那么,生育基金制度若是在二孩及以上生育时启动,是对何者以何种方式进行补贴呢? 根据发达国家经验,鼓励生育资金大部分来自中央政府,地方政府提供额外补贴,但在具体补贴对象上,由于使用的是国民税金,因而还需要考虑到该国国民情感与补贴公正性的问题。也就是说,鼓励生育基金的补贴对象,是生育的女性,或是生育的家庭,或是婴幼儿,所引发的规范性问题是不同的。

　　除了建立生育基金制度之外,中期措施中提及的延长产假时间与考虑建立育儿假制度,这是大多数低生育率的发达国家采取的重要措施之一,也是目前我国很多地方为了鼓励生育而采取的做法。尤其在"三孩政策"实施之后,部分地方更是将产假激励与生育数量挂钩,并都增加了育儿假的规定（表2）。

---

① 值得关注的是一些地方的实践。如上海将职工生育保险的覆盖范围从与用人单位建立了劳动关系的职工扩展到除退休人员以外的所有医保参保人群,使不同职业的女性都能够享受充分的生育保障;四川绵阳将参保单位男职工未就业的家属也纳入生育津贴的支付范围,可享受50%的生育津贴,帮助未就业家庭主妇群体生育减负等。这类地方性实践,能够更好地实现社会公平,并发挥生育保险的社会保障与生育鼓励功能,这将在后文作进一步论述。

表2 "三孩政策"后部分省级行政区修订后的生育休假表

类型	生育假	育儿假
北京	女：158日（单位同意可增加1—3个月） 男：15日陪产假	在子女满3周岁前，夫妻每人每年可享受5个工作日的育儿假
上海	女：158日 男：10日陪产假	子女年满3周岁之前，夫妻双方每年可以享受育儿假各5日
重庆	女：178日 男：20日护理假	在产假或者护理假期满后，经单位批准，夫妻一方可以休育儿假至子女1周岁止（月工资不低于休假前基本工资的75%与当年本市最低工资标准），或者夫妻双方可以在子女6周岁前每年各累计休5—10日育儿假
河南	女：188日（增加3个月） 男：30日护理假	在子女年满3周岁前，每年应当分别给予夫妻双方10日育儿假
海南	女：188日（增加3个月） 男：15日护理假	在子女0—3周岁期间，（夫妻）每年分别享受累计10日的育儿假
江西	女：188日 男：30日护理假	在子女3周岁以下期间，给予夫妻双方每年各10日育儿假
山西	女：158日 男：15日护理假	子女不满3周岁的，夫妻双方所在单位分别给予每年15日的育儿假
青海	女：188日 男：15日看护假	在子女不满3周岁期间，每年给予夫妻双方各15日育儿假
甘肃	女：180日 男：30日护理假	在子女满3周岁前，夫妻双方所在单位应当分别给予每年15日的育儿假
黑龙江	女：180日 男：15日护理假	用人单位每年给予3周岁以下婴幼儿的父母各10日育儿假

续表

类型	生育假	育儿假
吉林	女：365 日（经单位同意可延长至一年，延长期间按工资原额75%计放）	支持有条件的地方或者企业事业单位设立父母育儿假
	男：15 日看护假	
河北	女：一、二孩 158 日，三孩 188 日	3 周岁以下婴幼儿父母双方每年各享受 10 日育儿假
	男：15 日护理假	
浙江	女：一孩 158 日，二、三孩 188 日	在子女 3 周岁内，夫妻双方每年各享受 10 日育儿假
	男：15 日护理假	
安徽	女：158 日	在子女 6 周岁以前，每年给予夫妻各 10 日育儿假
	男：30 日陪产假	
云南	女：158 日	符合本条例规定生育或者合法收养且子女不满 3 周岁的，夫妻双方所在单位分别给予每年累计 10 日的育儿假。有两个以上不满 3 周岁子女的，再增加 5 日育儿假
	男：30 日护理假	
辽宁	女：158 日	子女不满 3 周岁的夫妻，每年分别累计 10 日育儿假
	男：20 日护理假	
湖南	女：158 日	在子女 3 周岁以内，夫妻双方每年均可享受 10 日育儿假
	男：20 日陪产假	
四川	女：158 日	子女 3 周岁以下的夫妻，每年分别享受累计 10 日的育儿假
	男：20 日护理假	
贵州	女：158 日	3 周岁以下婴幼儿的父母双方每年各享受育儿假 10 日
	男：15 日护理假	
湖北	女：158 日	3 岁以下婴幼儿父母每人每年享受累计 10 日育儿假
	男：15 日护理假	

类型	生育假	育儿假
江苏	女：不少于 128 日	未作具体规定
	男：不少于 15 日护理假	
天津	女：158 日	在子女 3 周岁以下期间，用人单位每年给予夫妻双方各 10 日的育儿假
	男：15 日陪产假	
宁夏	女：158 日	在子女 0—3 周岁期间，每年给予夫妻双方各 10 日育儿假
	男：25 日护理假	
广东	女：158 日	在子女 3 周岁以内，父母每年各享受 10 日的育儿假
	男：15 日陪产假	
内蒙古	女：一、二孩 158 日；三孩 188 日	在子女 3 周岁以前，每年给予（夫妻）双方各 10 日育儿假
	男：25 日护理假	

　　注：表格整理自各省级行政区三孩政策后新修正的《人口与计划生育条例》，截至 2022 年 1 月 31 日。

　　实际上，自 2015 年 10 月 29 日中国共产党第十八届中央委员会第五次全体会议提出"全面二孩"政策，随之 12 月 27 日全国人大常委会对《人口与计划生育法》做出修正以来，我国各地在修正《人口与计划生育条例》时，就不断地延长和丰富生育休假制度。在去掉了晚婚晚育假后，每个地方根据自己的情况，在国家规定的 98 天基础上，增加一个月到三个月不等，且规定了丈夫的陪产假（护理假、照顾假），夫妻育儿假（共同育儿假）等。但是，在各地延长的上述生育休假规定中，是由用人单位视为出勤发放全部或部分的工资，或包括奖金等福利待遇，还是均纳入生育保险基金中生育津贴的支付范围？即便在一省之内各市都有不同的做法。在这些不同地方的做法中，企业为此要支付不一样的制度成本。生育休假的时间延长是需要高额成本的，即便完全纳入生育津贴的范围，但在该时间段，尤其在女职工的产假期间，企业能够及时得到临时且能力相当的人员补充，几乎是不可能的。因此，规定的产假越长，女性的就业环境就越恶劣。对于育儿假的实施效果，深受少子化和老龄化苦恼的日本或可为我们提供一些启示。日本的职场女性生育后可以在产假结束后（8 周）继续休育儿假至小孩 1 周岁（在父母共同育儿假的情况下，可至小孩 1 周岁零 2 个月），在特定情况下（如在小孩 1 岁时申请保育园落选）可至小孩 2 周岁。然而即便如此，实际上男性休育儿假很少。根据日本厚生劳务省的调研，2018 年度休育儿假的男性仅占 6.16%，而这已经是过往最高的比例，主要原因是"担心同事和上司的眼光""可能会对晋升等职业生涯产生不好的影响"。① 可以说，育儿假的待遇保障以及休育儿假后能否顺利回归工作而不至于受到职场排挤或边缘化，仅仅不是法律有无育儿假规定的问题，而是企业乃至国家有无特定的用工制度可以应对的问题，这需要整个社会的观念更新以及国家的配套制度设计与财政保障。

最后需要说明的是，制定鼓励生育的住房政策等一系列税收优惠政策，国家虽有提及，但具体怎么操作则不清楚。例如，《中共中央国务院关于优化生育政策促进人口长期均衡发展的决定》提到：一是加强税收、住房等支持政策，研究推动将 3 岁以下婴幼儿照护费用纳入个人所得税专项附加扣除；二是地方政府可以研究制定根据养育未成年子女

---

① 与之相似，挪威从 1977 年开始在法律上允许了带薪产假制度，但由于时间是夫妻合算的，所以获得产假的都是母亲，父亲获得产假的比例只有 3%，主要原因是"担心被公司和同事认为不专心工作"。1993 年，挪威政府设定了只有父亲才能享受的 4 周产假（有与工资同等金额的津贴），获得产假的比例上升到了 35%，但挪威政府对这个数字并不满意。参见山口慎太郎. 日本の育休が「制度は最高取得は最低」なワケ [J/OL]. (2020-01-25) [2022-01-01]. https：//president. jp/articles/-/31567？page=2；类似报道可见环球网. 日本男性休完"育儿假"秒变"窗边族"升职涨薪机会被剥夺 [N/OL]. (2017-02-13) [2022-01-01]. https://m. huanqiu. com/article/9CaKrnK0r8V.

负担情况实施差异化租赁和购买房屋的优惠政策。反观国外，一些国家的此类税收优惠措施，也大多在此，并往往被人们戏称为"单身税"。但是，应该重申的是，这"单身税"并不是指有这么个税种，而是在既有的税种上有没优惠及减免所形成的差额意义上而言的。这类税收政策优惠的指定与实施，需要考虑其正当性及限度，否则很容易造成社会的不公平。

综上，在制定人口政策方面，任何时候决策者都应该警惕人的理性之有限性，哪怕如今已经迈入大数据时代，这也是一个复杂的系统性问题。系统内的每一要素发生变化，都能够产生一系列难以预估的整体性变化。比如，当初计划生育的决策者们何曾想到人口能迸发出如此大的红利，以及人们的生育意愿、中国人口结构会发生如此大的转变？而如今，又如何能预料到未来是否可能会形成更严重的区域化生育率差异，甚至形成人口逆淘汰，或者遭遇被人工智能替代后的人力无用之状况呢？而且，就世界各国，尤其东亚国家鼓励生育措施而言，诸多生育鼓励措施作用不仅十分有限，甚至还导致该国女性在职场竞争中地位更为恶劣，从而进一步降低生育率。因此，任何的生育鼓励或保障措施，都应该建基于以生育自由理念为核心的生育权之上，以切实保障各主体权利及协调各项权利冲突为目标，如女性（当然也包括其他性别者）公平就业权利和良好的劳动制度环境，如儿童安心健全成长所必然依赖的家庭、企业、社会和政府所承担的支援（或关怀）责任等。在这些权利保障及实现的前提下，再讨论那些可能带来生育激励正反馈的制度措施才具有现实意义。为此，①我们不得不注重主体的生育意愿与生育实践的关系——这是生育自由的内核，也是生育激励机制作用的基础；②生育实践在不同社会关系中的仰赖与冲突，都会指向生育权的实现状况，因而我们可以在类型化的实践场域中思考生育权与其他权利的关系及边界；③生育激励机制要调整的正是生育主体与社会其他主体之间的仰赖与冲突，从而影响他们生育实践的具体选择，最终促使人口与国家发展相适应。职是之故，本书从生育自由理念出发，基于"主体意愿—实践场域"的分析进路，结合霍菲尔德的权利分析框架，探讨真正的生育权的规范内涵，并在处理与不同主体权利（权力）间的关系时明确他们的义务（责任），提出一个能关联于生育自由理念，符合当前生育政策与法治原则的阶段性鼓励生育制度方案。

第一章　生育自由理念的实践分析

　　"自由权"与"请求权"乃权利最为典型的规范形态。有学者指出，生育自由的权利一般可区分为生育自由与生育权两种不同的概念范畴，即广义的生育权主要由"作为自由权的生育权"（生育自由）与"作为请求权的生育权"（狭义生育权）构成；在宪法层面，前者的功能在于防御国家，即国家对于个人的生育自治与生育自决具有消极的不予侵害的义务；而后者意味着对应于国民的请求，国家负有采取积极行动而对个人生育自由予以救济、保障的义务。① 可见，这种划分是站在公法视域内展开的。就"作为请求权的生育权"而言，其制度载体主要表现在生育保障制度上，即提供生育期间医疗费用和劳动中断收入补偿。在低生育率的状况下，生育保障制度亦可视为一种具生育激励功能的机制。也就是说，生育保障与生育激励实乃一块硬币的两面。因此，建构生育激励机制，从生育权保障的视角来看，关键在于做好以下三点：一是明确其所依附生育权利（生育自由）的实质内核；二是处理围绕在生育活动中的不同关系主体间的权利义务关系；三是在社会不同生育观念冲突间导引适当的观念。由此观之，目前如前述所

---

① 余军. 生育自由的保障与规制——美国与德国宪法对中国的启示［J］. 武汉大学学报（哲学社会科学版），2016，69（5）：110-117.

提及的生育基金制度，或者将生育与相关升迁奖罚制度挂钩的做法，以及诸多生育保障制度并未制定与完善，实乃第一点缺失所带来的问题；而从当下生育保障制度的实施成本过多交由社会或企业承担，隐形性别歧视现象加重，二次生育对女性就业、职业发展影响较大，公共服务资源严重不足等问题来看，实际是没有处理好第二点；从全面放开二胎宣传标的指引来看，如"实施全面两孩政策，促进人口均衡发展""共创诚信法治计生，共享现代生育文明""国家政策真正好，一家准生两个宝""老有所养不再怕，一个养爹一个养娃""一儿一女就是好，优生优育忧虑少""一胎少二胎好，小有伴老有靠"等，可以发现其中充斥着各种观念话语，并且是互相冲突的，这显然是没有意识到第三点。

在生育权的生成与保障逻辑上，生育自由理念处于核心环节。西方对生育自由认识的两大典型——以英国、美国为代表的个人隐私权型的生育自由与以德国、日本为代表的自我决定权型的生育自由，两者在生育保障制度方面有所分殊，从而在不同法益权衡中于堕胎自由限制领域形成了不同的做法。[1] 这虽然能给中国保障生育自由以启示，并作为一个有意义的参照体系，但是中国有其独特的国情。例如，首先，在我国妇女堕胎权与胎儿生命权之间并未构成严重的实践冲突；其次，我国计划生育制度及其背景已经发生转变，目前生育自由需要面对的是国家激励生育所带来的挑战，以及在生育辅助技术、特殊群体的生育自由等领域进一步拓展的问题；最后，更重要的是，在我国权利话语体系下，隐私与尊严观念并不深入人心，而且前者缺乏对责任的强调，后者在构造

---

[1]　余军. 生育自由的保障与规制——美国与德国宪法对中国的启示 [J]. 武汉大学学报（哲学社会科学版），2016，69（5）：110-117.

权利规范结构时则过于泛化，① 因而我们需要做进一步的讨论。如果诉诸权利保障及规范的要旨，个人隐私权型和自我决定权型的生育自由，皆在于个人对其有关生育事项的"高度自治与自决"，区别在于前者如美国在于排除、防范政府的不当干预，后者如德国则在于实现人性尊严而更具丰富内涵。应当明白，自主选择的另一面是自担责任，故生育自由将生育视为个人责任的问题，但生育保障制度的背后逻辑，则是认为生育不仅是个人或家庭的问题，还关系到社会或国家的维系与发展，如何处理两者间的张力，是生育权必须解决的问题。当下中国的生育政策已放开"三孩"，而且将社会抚养费及其他惩治性措施取消，势必让生育自由观念获得更多的实践空间，并在社会中逐步占据主导地位。而且，生育保障制度的建构，也无法绕开生育自由观念，反而应当建立在对生育权的承认及保障之上。为此，笔者将揭示生育权认知及其实践存在的问题，进而在实践层面入手探讨生育自由理念及尝试对其作界定，使其可以容纳个体自治与自觉、个人责任、排除政府不当干涉等要素的同时，更具现实意义。

第一节 作为人权的生育权认知与实践的症状

生育权是否是（基本）人权，或许不存在太大的争议，但生育权应当具有怎样一种规范内涵与实践样态，则是一个始终存在巨大争议的

---

① "人格尊严"实际上可以被宽泛地解释为人格权所指涉的利益，从而在构建生育权的问题上，不具有独特性。

话题。当前学界对生育权的认知，多以国际人权文件为论据。① 根据国际规约，夫妻双方或个人在行使其生育权时应该考虑到现有及将来子女的需要和对社会的责任，但他们行使生育权仍然是基于个人自主意志的。生育权的行使是寄希望于生育权主体在充分知悉信息、接受相关教育和拥有相应手段的基础之上做出的理性抉择。可见，若以国际规约中的生育权为核心展开制度建构，必须以理性主体的预设为基石，为其构建可理性决策及实践的制度环境。而且，考虑到人口是一个国家的基础与重要资源，人口过多或过少都会给国家带来严峻的问题，国家总是希望将公民生育纳入计划与调整的范围，从而对公民生育进行干预，因而理性人假设是保障公民生育（自由）权的根本前提。在中国，过去的计划生育制度恰恰是以公民在生育领域上的非理性为前提，但目前的低生育率状况说明公民在生育上已然变得理性。因此，我们有必要以理性人假设来重塑中国的生育制度。

此外，即便有诸多国际规约的确认，在世界各国中，生育权同样面对着这样一个困境：生育权并没有在多数国家的宪法乃至法律里得到确认。目前，承认生育权的国家一般基于以下三种方式：一是宪法直接规定，如墨西哥宪法；二是法律间接规定，如保加利亚、希腊等都是通过对家庭相关权利的保护来间接达成保护生育权的目的；三是司法判例确认，如美国、德国等。总的来说，即便是以上国家，都会基于各自的国

---

① 从 1968 年《德黑兰宣言》之第十六条规定宣布的 "父母享有自由负责地决定子女人数及其出生间隔的基本人权"，到 1974 年联合国世界人口会议的《世界人口行动计划》之第十四条 F 款规定的 "所有夫妇和个人享有自由负责地决定生育孩子的数量和生育间隔并为此而获得信息、教育与手段的基本权利；夫妇和个人在行使这种权利时有责任考虑他们现有子女和将来子女的需要，以及他们对社会的责任"，两者表述的区别在于，生育权的主体从婚姻框架下的夫妇拓展到了个人；生育权的内容从自由负责地决定子女人数和生育间隔，发展到了为实现该权利内容而需要获得的相关信息、教育和手段保障。此后，不少国际规约中对生育权又做了重申和类似规定，如《消除对妇女一切形式歧视公约（1979）》《阿姆斯特丹宣言（1989）》《国际人口与发展大会行动纲领（1994）》等。

情而实施一定的人口政策，哪怕承认生育权是一项基本人权，对生育权也做了不同程度的限制。生育权的自然与社会二重属性，表明了其是属于个人的自由行为，也表明其需要受到一定的限制，主要为他人的基本权利的同等实现与公共利益的保障。但问题在于这种限制的实施必须具有正当性、合法性和合理性。国外的生育权问题主要在于堕胎的合法性问题，这涉及对人（胎儿）的生命权的尊重，以及伦理和宗教等问题。我国的生育权问题一直以来，则更多聚焦在生育数量的限制问题，这涉及个人权利、国家利益和公共利益的平衡问题，而且，在三孩政策后，问题的聚焦点必然发生转移。但无论何种状况，我们都不能否认生育权存在的重要性。

作为人权的生育权，同样不可避免落于人们对人权的认知及实践误区之中。后者主要表现为六点：一是人权起源的现实化；二是人权性质的政治化；三是人权主体的集合化；四是人权问题的复杂化；五是人权客体的简单化；六是人权实现的国情化。而我国对生育权的认知及实践，主要在以下三个具体方面呈现出其独有的症状。

一、生育权依存的现实化症状

从世界范围上看，生育权的提出虽然也只是近五十年的事，但这仍然无损其作为基本人权的地位。生育在最初仅仅作为人类的一种自然行为，是无所谓权利义务之说的。随着国家的产生与发展，尤其在前现代战争中人口对于一个部族国家的重大战略意义，生育开始被赋予了社会意义。因而长久以来，大多数社会会采取各种鼓励（甚至强制）生育的措施和政策。当然，也会有基于一些特殊情况而采取的节育措施，如古代曾出现的溺婴、羊肠做的避孕套，近代在所谓人种科学指导下的对某些特殊人群进行的节育手术等。现代，生育权的提出主要是在女性权利觉醒和女性权利运动的背景下，作为女性自主权的重要内容，以之对抗男权社会结构或宗教社会文化所赋予女性的生育义务。因而，在西方，生育权与女性堕胎自主权及堕胎问题紧密关联在一起。在更广泛的意义上，则是随着社会经济发展、人们权利观念加强和生殖医疗技术进步，人们意识到附加在生育上的国家意志与社会文化，从而为了对抗国家或社会对自身生育的不当干涉，逐渐转换为对生育权利的呼吁，在回归其自然本质的过程中确定为人权的重要组成部分。[①] 历史的发展描述的是生育作为权利的实然演变状态，它并不等于生育作为权利的应然价值。在应然价值层面，生育自由塑造了人作为个体的完整性与在种群生活中的延展性之可能，它是人格尊严的重要组成部分。试想，如果一个人的生育活动是被他人决定的话，还有什么人格尊严可言？若不牢牢把握这一点，将生育权与现实挂钩，就容易落入以下两种推论误区：一是现实中一个人也不是想生育就能生育的，还需要另一个人的参与才行，而且当今社会不孕不育的人越来越多，谈生育自由或生育权有何现实意义？二是每一个国家都有其具体国情（如人口规模、资源条件、生产力或社会生育观念等），这就决定了生育自由或生育权是具有历史情境性的，它不是一项应有的权利，需要根据具体情况对公民的生育活动进行调整。对此，笔者将会在第二章，集中从规范和实践两方面对生育权做出回应与论述。

二、生育权本质的分立化症状

对生育权本质的认识，既有政治化的问题，也有认识分歧的问题。一直有一股声音认为，西方国家对于中国"人权状况"中计划生育政策

[①] 对于生育权的历史发展已有很多的论述，皆大同小异，且本书的重心也不在此。若对此有兴趣的读者可参见周平．生育与法律：生育权制度解读及冲突配置 [M]．北京：人民出版社，2009：3-9；王琪．关于生育权的理论思考 [D]．吉林：吉林大学，2012；等等。

问题，以及列出的中国在计划生育工作中侵犯人权的"案例"，实乃属于有意的"攻击"。政治化的生育权使人们的认识分化并对立化。但总的来说，这种政治化问题在生育权性质解读上是极个别的，即便在官方的话语中，生育权也是需要保障的，否则就不会严令禁止计划生育工作中的大月份引产、将计划外生育罚款改为"社会抚养费"等，但在我国，生育权利与生育义务是相统一的，并在制度设计与实践中更多地强调后者。

对生育权本质认识的问题，首先在对生育权性质的认识分歧上。一般有以下几个焦点：①生育权是基本人权（应有权利）还是一般的法律权利（法定权利）？②生育权是公权利还是私权利？③生育权属于身份权还是人格权？以下逐一阐述之：

（1）无论是权利的三形态抑或是四形态①，应有权利与法定权利的划分既是"应然—实然"认知二分的结果，亦是"权利发展"的现实动力。生育权应属于应有权利，是一项基本人权，这是生育权性质的第一层面的限定。一方面，应有权利是权利的初始化形态，它是特定社会的人们基于一定的物质生活条件和文化传统而产生出来的权利需要和权利要求，是主体认为或被承认应当享有的权利。② 另一方面，作为基本人权的应有权利更是一种基于"人的本质属性"而产生的"固有权利"，如生命权、精神自由方面的权利，生育权就属于此类。因此，无论从权利需要抑或是本质固有，都构成了一种正当性，这种正当性并不

---

① 李步云先生在1991年提出权利的三种形态：应有权利、法定权利和实有权利；而张文显先生则认为权利有四种主要的存在形态：应有权利（道德权利）、习惯权利、法定权利和现实权利（实在权利）。李步云先生的应有权利是在马克思主义哲学思想指导下提出的，因此它不仅仅是一种应然状态（区别于自然权利），还"存在于现实的社会关系和社会交往中"，而后一部分的实然内容则被张文显先生以习惯权利吸收并作为权利的存在形态之一。参见李步云. 论人权的三种存在形态［J］. 法学研究，1991（4）：7；张文显. 法哲学研究范畴（修订版）［M］. 北京：中国政法大学出版社，2001：311–316.

② 张文显. 法哲学研究范畴（修订版）［M］. 北京：中国政法大学出版社，2001：311.

限于合法性才能得以存在。生育权正是一种主体自主决定生育的需求的体现和要求，它具有普遍性、正当性及重要性；生育作为人的自然机能之一，由于自由意志是人的本质体现，因此人们自我决定生育的自由也即应然之意。当前我国的生育权立法和保障并不完善，将生育权作为应有权利将避免陷于"权利只能是法律明文规定的，公民只能享有法律明文规定的权利等不甚妥当的观念"，更能"为改进权利立法提供不可缺少的评价标准和完善发展的参考"。① 随着经济政治的发展和社会权利保障意识的不断提高，作为基本人权的生育权概念和主张必将不断提醒着我国立法者不断地完善和改善生育权。

（2）生育权既是公权又是私权，前者处理的是政府与公民的关系问题，而后者解决的是民事主体间的关系问题，这是生育权性质的第二层面的内容。② 2004 年《宪法》修正案所确立的"人权条款"③，从其规范目的而言，"强调对作为权利主体的'个人'之权利的保障"④，并作为概括性人权保障条款，"系所有基本权利的根源"⑤。生育权虽不作为宪法列举的权利，但依然可通过"人权条款"成为宪法的未列举权利。而宪法权利首先都是公法上的权利。此外，生育权在我国并非由《民法通则》等具有私法性质的法律规范所规定的，而是在《人口与计划生育法》（2001）等带有明显公法性质的法律规范所确认的。⑥ 生育

① 张文显.法哲学研究范畴（修订版）[M].北京：中国政法大学出版社，2001：312.
② 有学者将生育权限定为私权，强调主体的生育自由，而以国家基于统治关系而对生育权管理之事实，创设出国家的生育管理权，并论述生育权与生育管理权的不同。参见周平.生育与法律：生育权制度解读及冲突配置[M].北京：人民出版社，2009：58.
③《中华人民共和国宪法（2004）》第三十三条第三款规定："国家尊重和保障人权。"
④ 余军.论未列举权利：论据、规范与方法[D].杭州：浙江大学，2009.
⑤ 余军.论未列举权利：论据、规范与方法[D].杭州：浙江大学，2009.
⑥《最高人民法院关于适用〈中华人民共和国婚姻法〉若干问题的解释（三）》的第九条规定否认妻子擅自堕胎是对丈夫生育权的侵害，被认为是首次在私法领域内提出"生育权"这一概念，有以法律文本形式承认其系一种私权利之嫌。参见张雪晖，刘燕妮.论生育权的性质及其侵权形态[J].法制博览（中旬刊），2013（9）：58-59.

权当然也可以是私法上的权利，"私法是社会整体法律秩序的重要组成部分"，私法和宪法的终极目标和基础都是一致的，都是为了维护人格尊严。因此，以人格尊严为核心的基本权利体系构成的"客观的秩序价值"，也就必然对民法产生统率作用，对第三人发生效力。① 此外，从生育权主体来看，这是支配自己的生育能力，选择自己的生育行为的权利，即便是国家，都不能直接决定主体必须生或者不生孩子；但又具有责任涉他性，除了对家庭利益和个人利益的考量外，还包括对孩子的责任和对社会的责任。我们应该看到这样的两重关系，尤其基于我国生育权实现状况的现实，既要反思并处理好政府与公民的关系，又要重视公民之间的生育权纠纷问题，完善权利救济。

（3）生育权是人格权，这是生育权性质的第三层面的内容，即在私法领域中生育权的性质问题。② 无论是从人权角度的应然层面论证生育权，抑或从现实角度的实然层面看待生育权，生育权都应该界定为人格权。生育权不应限于婚姻身份的取得而享有，无论是《世界人口行动计划》（1974）抑或是《人口与计划生育法》（2001），都明确生育权

---

① 参见陈新民．德国公法学基础理论［M］．济南：山东人民出版社，2001：295-306．这种对第三人（或说对民法）效力到底是间接抑或是直接是有争议的，如尼伯代（Hans Carl Nipperdey）、米勒（Gerhard Mrüller）持的就是直接效力模式，而杜立希（Günter Dürig）、盖格（Heinrich Geiger）则持间接效力模式。而且，近年来国内亦有学者引入和主张无效力说，颇引人关注，如高桥和之，陈道英．"宪法上人权"的效力不及于私人间——对人权第三人效力上的"无效力说"的再评价［J］．财经法学，2018（5）：64-77；黄宇骁．论宪法基本权利对第三人无效力［J］．清华法学，2018，12（3）：186-206．另外，值得关注的是，有学者在此基础上提出新效力论，以间接效力说为主体、直接效力说为补充，区分经济领域与精神领域。具体参见翁壮壮．基本权利对第三人效力之重构——以合宪性解释的程式性理解为视角［J］．人权研究（辑刊），2021，24（1）：107-131，514-515．

② 生育权的人格权论在我国学界已得到越来越多的支持。如谭桂珍．论"生育权"及其救济［J］．湘潭大学社会科学学报，2003（2）：56-61；刘志刚．单身女性生育权的合法性——兼与汤擎同志商榷［J］．法学，2003（2）：79-81；王歌雅．生育权的理性探究［J］．求是学刊，2007（6）：113-117；邢玉霞．现代婚姻家庭中生育权冲突之法律救济［J］．法学杂志，2009，30（7）：79-81；马强．论生育权——以侵害生育权的民法保护为中心［J］．政治与法律，2013（6）：16-24；张雪晖，刘燕妮．论生育权的性质及其侵权形态［J］．法制博览（中旬刊），2013（9）：58-59等。

的享有主体是自然人，即便生育权的行使及实现存在限制，但生育权的享有是绝对的，是自然人基于出生而享有的，并不以配偶身份或婚姻关系存在为前提，这也就是为何在司法实务中不可能判处夫妻一方希望生育而另一方不希望生育会构成生育权侵害（如妻子擅自堕胎侵犯丈夫生育权）的理论基础。生育权是一种独立人格权，它与主体健康权并不必然直接对应，其还包括了生育信息知情权，这可从当前司法实践中出现的"不当出生之诉"看到;① 它与人身自由权也不等同，人身自由权是"权利主体在法律范围内自由支配自己行动的权利，是行动自由权",② 即便生育权的实现很大程度上需要人身自由为前提，但若暗自获取某人的精液进行人工授精，则很难认为是侵害了他人的人身自由权，而只能以侵害他人的生育权（个人应可自主决定自身的生育行为）较为合适。从对立面来看，若否认生育权人格权属性，将会使其面临公权力挤压甚至剥夺的危机，以及受到侵害难以获得法律的救济。③

三、生育权内容的模糊化症状

关于生育权的内容，之所以产生模糊化，来自于三方面的问题：一是生育权主体的"狭隘化"，当前对于生育权主体，还存在是否包括所有自然人的疑虑，尤其在具体法律制定的过程中，很多群体都在法律规则的设置下被排除了；二是生育权客体的"简单化"，生育权的客体是

① 参见罗伟，方剑磊. 谁"制造"了残疾婴儿——重庆市首例生育权官司结案 [J]. 中国审判，2006（6）：29-30；汪文汉，裘苗根. B 超未查出残疾胎儿谁买单　湖北省首例状告医院侵害"健康生育选择权"案纪实 [J]. 检察风云，2006（23）：54-55；等等。实践中大多将此类案件定性为侵犯公民的（健康）生育选择权，但实际上侵犯的是公民的生育信息知情权，医院承担责任的原因主要是未就产前 B 超检查的种类及常规检查的局限性等问题告知当事人，没有履行该告知义务，侵犯了当事人的知情权，使其丧失了选择其他产前检查项目的可能性；以及未履行相应的注意义务而导致生育信息的获得有误。

② 江平主编. 民法学 [M]. 北京：中国政法大学出版社，2000：286.

③ 参见周平. 生育与法律：生育权制度解读及冲突配置 [M]. 北京：人民出版社，2009：88-89.

基于生育自由而形成的各种利益，但学界对此并没有一个清晰认识，同时也将其简单化为"生"与"不生"的自由；三是生育权实践的"复合化"，在生育权客体的认识呈现简单化的前提下，生育权的实践指向及问题也就容易呈现出复合化的特点。因此，对于生育权内容的认识，当前学界是模糊和混乱的。如有的学者认为"生育权一般为特定主体所享有，其权利内容的核心是自主决定生育"；[1] 有的学者认为生育权的内容包含"生育的自由"和"不生育的自由"，前者包括决定生的权利，决定生育子女的数量、质量，选择子女的性别以及生育方式的自由，后者包括选择避孕、绝育以及堕胎的自由；[2] 有学者认为这关涉生育权的法律定位，涵括生育权的主体和生育权的内容两方面；[3] 有学者认为那些支配生育活动，对生育关系发生直接影响的权利应当构成生育权的权能内容，包括生育决定权、生育请求权、生育方式选择权和生育知情权；[4] 也有学者提出包括生育能力支配权、生育信息知情权、生育行为自决权和生育方式选择权；[5] 国外的生育权概念因为还能解释为拥有儿女的权利，因此它要求政府尊重人们繁衍后代的自由（消极自由）并且在必要时需要提供帮助（积极自由），如从生育信息（教育）提供、人工辅助生育到对领养子女的管理等。[6]

总的来说，以上三种症状是环环相扣的，共同影响着我们对生育权的认识与实践。导致这一情况发生的原因是深层次的，主要源于生育领域的权利话语的式微。长期以来，在我国生育政策与制度的制定过程

[1] 李东. 生育权研究 [D]. 吉林：吉林大学，2007.
[2] 樊林. 生育权探析 [J]. 法学，2000（9）：32-42.
[3] 湛中乐，等. 公民生育权与社会抚养费制度研究 [M]. 北京：法律出版社，2011：18-24.
[4] 姜玉梅. 生育权辨析 [J]. 西南民族大学学报（哲学社会科学版）（S4期）：176-180.
[5] 周平. 生育与法律：生育权制度解读及冲突配置 [M]. 北京：人民出版社，2009：93-117.
[6] [丹] 卡塔琳娜·托玛瑟夫斯基. 人口政策中的人权问题 [M]. 毕小青，译. 北京：中国社会科学出版社，1998：7.

中，起主导作用的仍然是国家的生育工具观念，但同时，社会生育观念却呈现出多元化的趋势。当下中国，生育传统观念虽然仍影响着地方民众的具体生育行为，尤其在农村和部分地区，但由于其早已被贴上封建、落后、物化女性等标签，已无法成为主导话语；另随着经济发展、观念开放等冲击，人们的生育观念已发生了转变，因而生育传统观念所起的作用也已越来越小。此外，生育的权利意识虽然已经崛起，但仍未成为社会的主导话语，因而淹没在上述话语里。导致这样的状况或可归结为中国传统家国文化带来的个体权利意识的缺失，对集体本位的推崇的原因。这种文化思考模式，或可借用赵鼎新教授使用的"文化资源库（cultural repertoire）"概念加以分析。[1] 文化资源库揭示了文化的两个不大引人注目的特征：一是多元化特征，文化并不是一个统一的脚本，哪怕说中华文化，也包含着各种异质性。文化资源库表明的就是文化里头存在的是"许多相互关联，或不甚相干，甚至是互相矛盾的符号、意识形态、价值观和传统的组合"。[2] 二是工具主义特征，在一定时空下人们对于文化并不一定是默默接受，文化资源库存在于人与人之间的社会关系中而不是人的头脑（或潜意识中），社会行动者能够以多种形式来运用这一文化资源库的信息。他们可能会仅仅依据自己所熟悉的行为方式来行事（我们最常见到的文化特征），也可能会创造性地运用甚至是修改文化资源库中的脚本。笔者将对生育权的认识与实践误区引向文化因素，主要在于必须使大家意识到，这种文化资源库在利益和策略层面上对社会行动者的作用及其可变迁性。个体权利意识缺失、集体本位推崇的中华传统文化，实际指的同样是文化资源库的一个部分，

---

① 赵鼎新用"文化资源库"以描述集体行动的文化因素。参见赵鼎新. 社会与政治运动讲义［M］. 北京：社会科学文献出版社，2012：225-232.

② ibid, 225.

而非全部。如果无法意识到这一点，当它被提出用于为权威背书，并转而将问题引之于民众身上，从而得出需要一段较长的时间去改变和适应的消极结论时，就是偏颇的。文化发挥的是"工具包""文本"和"本能习惯"三个层面的作用及机制，之于生育权利话语，我们应当更主动地去运用各种文化因子，甚至是在原有文化因子的基础上进行创造以及获取理想效果，最终确立起一套完整的生育权利话语体系。

第二节　实践理念下的生育自由

行动者在自主自我的这一积极的主体性概念下，对涉及对潜在具有可塑性的客观世界进行干预，这就是一般的"实践"概念。生育活动自然是一种实践，而生育的"自由"与实践的"自由"实乃内容与形式的关系。在此，我们有必要先理解实践的"自由"、实践的特征，再把握生育实践的"自由"、生育实践的特征。从而才能探讨生育实践在何种意义上可视为"自由"的根本标准，也即实践理念下的生育自由应该如何理解的问题。笔者希望能够展现生育自由丰富的实践内涵，打破社会对生育自由就是一种"想（怎么）生就（怎么）生""想不生就不生"的简单理解。而且更重要的是，揭示个人应在何种意义上承担生育实践自由的责任。

一、实践的自由理念

一般而言，实践中多种选择方案均是可行之方案，意志抉择仅在于对社会结构所赋予的约束和自我意欲间的一种考量。前者所称的"约束"，包括特定社会条件的缺乏、社会共同体价值、社会规范（习俗、道德和法律等）等外在的物质或文化因素；后者意欲的形成，则涉及个人的利益、立场、兴趣、价值或观念等内在因素作用。这般行为的实施即具有亚里士多德及康德所强调的实践之反思性特征。所谓反思性特征指的是实践行为的意图性（intentionality）①，正是存在这种意图性，实践者才能对自身行为的做出提供解释，进而得以展开反思。若外在的因果律就只规定了一种行为，那么无论何种意志抉择，由于是一种必然之行为，因而无法称为实践，自然也无所谓反思。意图性的赋予，才产生一种追求所谓好的实践或某种实践智慧（理性）的命题。因此，实践智慧的判断并不来自行为结果的益损验证，而是来自意图性的反思本身。它一方面是基于思想实验中的为所有人立法的可能，另一方面是基于该选择后果的妥当性的反思修正。正是在意图性的意义上，实践与韦伯所言之"行动（Handeln）"有相当的一致性，该"行动"亦是区分于"行为"，意指"行动个体对其行为赋予主观的意义"，② 而行动之所以能被赋予主观的意义，也正是因为存在可自由选择这一前提。

我们可以通过以下思想实验检视"意志自由与行为自由的统一"之于"自由"的现实意义。洛克曾设想过一个"自愿被囚禁者"的思想实验。③ 当一个人并没有意识到被囚禁或知道被囚禁，留在该处而不是离开的这样一个行为，能否以他的停留是意志自由抉择的结果而称他为自由的呢？这个思想实验里，被囚禁的人实际上只能留在屋子里，哪怕他是在不知情的情况下自愿选择留下，从观察者的外在视角来看，依

---

① 吉登斯认为，这种意图性是人类行为的例行化特征，并不是说人们在其行为过程中总是怀有特定的目的。在他看来，意图性最重要的一点是指出了人类对自己行为的可说明性上。参见 [英] 安东尼·吉登斯. 社会理论的核心问题：社会分析中的行动、结构和矛盾 [M]. 郭忠华，徐法寅，译. 上海：上海译文出版社，2015：63.
② [德] 马克斯·韦伯. 社会学的基本概念 [M]. 顾中华，译. 桂林：广西师范出版社，2005：3.
③ [美] 佩格·蒂特尔. 图利的猫——史上最著名的116个思想悖论 [M]. 李思逸，译. 重庆：重庆大学出版社，2012：13.

然无法说其是自由选择的。该情况以行动主体自身来说明则是，该行动者在留在房间与不留在房间的意志抉择里基于某种理由选择了留在房间的行为，在这个意义上，他或许认为自己是自由抉择的；但若他选择去做相反的离开房间这一行为，他是无法进行的，因此并不满足自由的要求。在康德看来，行为之所以决定于自由律在于可以选择去做某事，或者能不选择做某事，否则行动就不是自由的，也就无法称为实践。那么，若以此来做反向推断，仅就外在观察视角来说明实践的话，做出实践是与内在意志抉择无涉的行为，也即实践只是一种外在自由的行为，则是错误的。这不符合实践的可反思性特征，亚里士多德和康德等学者区分人与动物行为的理由亦是如此。同样借一个思想实验说明。理查德·泰勒曾设想存在一个灵巧的生理学家，能够通过仪器使一个人产生任何意愿（如举手、踢脚、扣下扳机射杀他人的意愿等），即一个人的所有意愿都是被赋予的。那么，他的行为能否称为自由?[①] 缺乏外在的障碍和强力，不受外在自然因果律决定的行为，但却并非自我意志的抉择，无法称为"自由"，该行为也无法称为"实践"。因此，实践（自由）是意志自由与行为自由的统一，这构成了其最基本的反思性前提。

在社会实践理论中，还存在所谓"无意识选择"的问题，此不同于反射性行为，社会学家一般将其归为潜意识，并认为具有重要意义。[②] 但是，无意识选择与非自我意识的选择是两种不同的事物。无意识选择不具有一定的目标，是无意识地抱着某种希望所进行的选择，或是基于某种习惯而反射性地做出选择。另外，与有意识选择相比，它们存在的区别仅在于行动者能否意识到做出选择时的理由，或者这种理由

---

① [美] 佩格·蒂特尔. 图利的猫——史上最著名的 116 个思想悖论 [M]. 李思逸，译. 重庆：重庆大学出版社，2012：20.
② [英] 安东尼·吉登斯. 社会理论的核心问题：社会分析中的行动、结构和矛盾 [M]. 郭忠华，徐法寅，译. 上海：上海译文出版社，2015：63.

具有相当大的模糊性而缺乏一个明确的行动理由和可衡量过程。用亚里士多德所言，行为的始因仍然在行为者自身内部。因此，男性或可称其并无意识要怀孕，从而要求女性堕胎，否则就主张后者侵犯其生育权。然而，除非是非自我意识行为，比如他人故意破坏避孕产品或采取其他方式盗取其精液等行为，否则都无法作此主张，尤其在自身并未妥当采取避孕措施的情况下。显然，生育实践并非一瞬间的行为，它哪怕是一个未持生育意愿的性行为之意外结果，但怀孕所存续的时间，足以使实践主体有着充分的决策时间（一般以24—28周为止），而且这不仅仅限于女性，即便女性有最终的决定权，但男性的相关作为同样有着巨大的影响，两性生育实践的区别在后文再作进一步的展开。概言之，任一生育实践主体，必然要进行理由权衡而才得以将生育实践继续下去，因而生育实践的反思性必然是存在的，其必然是意志自由与行为自由统一的结果，从而也就意味着其实践后果只要存在，责任就是恒常的。简单地说，无论父母如何不情愿，各自都对自己所孕育的生命负有抚养责任。

意志自由与行为自由统一的过程，也是实践的社会化与个性化两个同时进行的过程。实践行为的可选择性，无论就外在实际行为而言，抑或内在意志抉择而言，都是必要的。因此，实践的内核是自由选择，包括外在行为与内在意识两个部分；而自由选择又产生个性化与社会化两个过程，或者说，自由选择通过个性化与社会化两个过程完成对自由选择本身的限定。"行为选择既是一个社会化的过程，又是一个非常个性化的过程。说它是一个社会化的过程，是指任何行为的选择都是存在于一定的社会关系之中，任何行为最终都必须与他人发生关联，都必须接受一定的社会评价；说它是一个个性化的过程，是因为行为的选择最终是由行为者自己做出的，根本上取决于人对自身行为目的的认识和把握。所以，实践还是一个内省的概念，与选择主体的深思熟虑相关。"①
个性化构成实践的反思性特征，即行动者实践行为的意图性，表现在对
自我的实践行为的可说明性上；社会化则构成实践的可理解性特征，即
行动者的实践行为及其为此提供的某种解释，是能够被他人所理解的
（但不必然被认同）。而且，个性化过程是行为责任确立的过程，而社
会化过程则是行为合理性形成的过程。因此，实践的"自由"是必须
包含合理性与责任的，它是在个性化与社会化统一下的意志自由与行为
自由的统一，具有双重统一的概念构造。而实践"自由"的这种双重
统一构造，正是实践的反思性特征与可理解性特征赋予的。这也意味
着，实践理念下的生育自由，也必然具有这样一种双重统一的构造，生
育实践本身，应当同样具有鲜明的反思性特征与可理解性特征。

二、生育自由的界定

借由实践的反思性，我们可以与实践哲学接轨，即探讨怎样才是一
种值得追求的实践，但这是对实践进行的一种外在应然层面的限定和再
构造。实践行为的反思性特征，取决于意志自由与行为自由统一这一前
提，并在个性化与社会化过程中获得可理解性这一特征。明确这一点，
我们转向审视生育实践时，就可以发现，这既是判断某生育行为是否是
生育实践的根本标准，又意味着生育实践必然具有其合理性，并揭示了
个人应承担生育实践的责任。

首先，生育实践必然是意志自由与行为自由的统一，在自然生殖时
代，由于行为自由的有限性，这一问题并不存在太多的问题。然而，随
着生殖技术的发展，尤其是人工授精、代孕、基因编辑等技术的发明，

---

① 葛洪义. 法与实践理性 [D]. 北京：中国社会科学院研究生院，2002.

极大地拓展了个体行为自由的范围，自己是否具有生育能力，或者想要生育一个怎样的小孩也都不是问题。因而，这里的意志自由就存在范围界定的需要，生育实践的意志自由，已然不限于是否意识到有多元行为可选择，或者可以不选择，还必须始终以自身生命及身体为界，与行为自由相统一。生育是关系到他者生命的实践，即便该生命是由自身身体中孕育出来的，但生育实践的自由不及于对该生命形态的支配，而是确保该生命脱离母体后成为独立的生命存活于世上，此乃生育自由（意志自由与行为自由统一）所必然担当的责任。也就是说，既然是基于你的自主决定，将一个生命带到这个世上，你就有责任让其获得在世上生存下来的能力。概言之，生育实践的自由，不及于对实践结果的支配与实现，也不及于对他人关系的支配与实现。也就是说，生育自由并不包含可进行人为干涉生男抑或生女，或者对胚胎基因进行编辑、改造或增强的自由；也不在于要求他人必须配合自身，建立相关的人身依附关系，或者将自身意志施于他人行为的自由。

其次，生育自由是意志自由与行为自由的统一，但同时伴随的是抚养责任，这赋予了生育实践重要的反思性特征。生育实践的过程及后果并非一时的，其对实践者的一生带来重大影响，十月怀胎和更长时间的孩子养育责任承担，都决定了生育实践具有很强的反思可能性，这也是生育主体应当享有堕胎权的重要依据之一。否则，生育实践的反思性特征将不复存在，因为其前提——意志自由与行为自由相统一——不再可能达成。生育实践必须被赋予某种重要的价值或强烈的意志，否则难以被选择，它与性行为不同，性行为主要是由个体生理需求驱动的，受自然律的影响；而生育实践随着避孕技术的发展，个体获得更强的自主性同时，仍然保有很高的社会化程度。实际上，若没有社会化这一过程，生育实践基本难以做出，而且，用费孝通老先生的说法，就个体私利而言，生育是"损己利人"的，"彻底为自己利益打算的，就得设法避免生殖。"① 就个性化而言，通过古代文献中有关人们采取堕胎和禁欲两种非生育实践的记述，② 可见即便是节育技术不发达的古代社会，人们仍然保有一定的实践决策空间。然而，这空间毕竟极其有限，就选择生育实践而言，由于人性与社会结构（如传统生育文化）的双重作用，难以清楚地区分两者在其中发挥的作用。换言之，个人生育实践的自由抉择很难体现出来。随着近代避孕知识及相关生殖技术的增长而迅速扩大的决策空间，即生育实践逐渐从纯粹的性行为需求脱离开来，主体的生育自主性大大提高。在多出来的决策空间中，能够凸显出个人生育实践与生育自由意志间的关系，以及社会结构对于生育实践的影响。因此，这儿的社会化包括两方面：首先，仅就生育实践的起点——受孕本身，就无法仅个人可以实现的，生育实践总是至少需要另一个实践者的（长期）互动与协调，因而需要建立特定的社会关系，并很好地沟通达成一致的选择；其次，生育实践影响着整个家庭、族群乃至社会及国家等共同体的人口再生产，这涉及相关共同体的维系与发展，因而自然会受到社会结构的约束。

再次，本书所指称的生育实践，是以受孕为起点的，即我们不论这受孕行为是精心准备、有意达致的结果，还是意外或过失导致的结果，都不影响其后整个怀孕阶段对生育实践的自由意志抉择。受孕之前趋向生育的实践活动则称为"准生育实践"，即此实践叮能会存在以下两种情况：受孕之前的为生育而采取的实践活动，但基于外部原因无法达致生育的结果；受孕之前的为不生育而采取的实践活动，也可能意外达致

① 费孝通．乡土中国 生育制度［M］．北京：北京大学出版社，1998：109-111.
② 古代医学技术不发达，堕胎多为药流、外力、针灸和手术四种；禁欲则主要为推迟婚育年龄和婚孕禁忌。

生育的结果。前者是外在条件的不能，后者是内在意志的瑕疵。但是，体现一个人生育实践的意志自由和其在这实践中抉择所依赖的理由，整个抉择的过程都可以在受孕发生后的整个怀孕阶段所采取的实践中得以观察和再确认。

最后，基于生育实践所依赖的主体的特殊性，有必要对男性主体与女性主体的生育实践做出进一步阐述。男性与女性身体的构造，决定了两者在生育实践中所能抉择的行动选项之不同，因而两者生育实践所强调的特征也是不同的。实践是一项个体化与社会化的活动，前者指向实践的反思性，而后者指向实践的可理解性。就生育实践本身而言，男性实践者由于并不参与受孕后的生育实践，因而其要达成其生育实践活动，必须保证其生育意愿能够持续获得另一女性实践者的理解与配合，否则，女性实践者完全可基于其自主的生育实践抉择而使男性一方无法实现其生育实践的目的，即（拥有自身基因的）孩子出生。因此，对于男性而言，在女性怀孕后更多的是承担辅助工作，照顾或保护女性，提供必要的生育及生活资源等，以确保女性实践者能够完成生育实践。在此意义上，男性的生育实践更强调可理解性。与之相对，就女性实践者而言，从怀孕到生产，整个生育实践过程中始终处于主导地位，这是基于其身体这一资源的支配权所形成的主导地位。然而，这同时也意味着她们是生育实践后果的主要且最终承受者。因此，女性对于生育实践的自我指涉再审视和生育意义的赋予，比起男性要突出得多；若不存在一个确定的能说服自我的理由，生育实践是难以持续下去的。由此看来，女性的生育实践更强调反思性。为此，任何一个人类共同体要想得到持续发展与维系，往往就会通过整个社会结构向女性施加生育压力，为她们提供强有力的生育理由，因而在面对堕胎或拒绝生育时，女性往往比男性承受更大的道德困境，即女性在生育实践中，不得不处理个性化与社会化间的张力。比如，在传统男权社会中，由于男性在生育实践中天然地存在劣势，自然需要通过整个社会制度去改变、促成一整套要求女性以生育为重的行为规范及价值观念，由此促使女性在生育实践中顺利实现个性化与社会化的统一。上述两性生育实践的差异，可以说明他们在相应生育权利实现路径的不同。例如，由于妻子擅自流产是其生育实践的体现，并不因此侵犯丈夫的生育权利，而丈夫为实现自我的生育实践，必然会对妻子的生育实践施予更大的影响。这将在后文生育权部分再具体予以说明。

总而言之，本书所述的生育自由理念，是建立在以男性与女性生育实践基础上的自由理念。这样做的好处是明确的，即便随着现代生殖技术的发展，个体（无论男女）能独立进行生育实践，但其仍然保有生育实践的反思性与可理解性——个人自主地对自我生育实践的反思和理由权衡，以及注意到自身身处的社会对其生育实践的理解与接纳。简言之，个人自治与自主实践所必须承载的反思性与可理解性，引入了个人与他人及社会的结构关系，而这真正规定了生育自由理念的内涵与外延，也是生育自由理念向生育自由的权利演化所需的基本框架。

第三节　生育自由理念在生育实践中的地位

生育实践的抉择，必然是基于一定的理由。这类理由可能来自自身偏好、利益计算、传统要求、主流观念、物质条件、社会环境等，在此并不需要一一列举，或做详细分析。应当承认，社会实践活动全关重要的构成性特征，亦即一种被纳入有组织的日常生活活动整个构造之中的

"可以被询问的现象"。① 行动理由的存在，正是以面对来自自我审视要求的"询问"，或者其他实践者的"询问"，为此提供说明。基于实践者对自身及其在社会环境中的位置及知识，所形成的行动理由，其存在不仅是对自我实践的理性化取向，也是对关系场景的合理化取向。对自身生育实践的解释依赖于实践者对拟采取的生育实践所面对的复杂现实、过去的斑驳经验及其与自身所期待的未来愿景的综合性认知。

一、生育实践的理由类型

一般而言，生育实践的发生，仍是两人协同一致的结果，即便这里的协同可能包含着一方妥协，或者最后结果为一个人承受，但都无损双方都必须对此实践负有责任的规范逻辑。无论是个体单方面自主选择不生育，或者处分自己的生育能力，还是两者协调一致选择不生育或采取何种生育方式，生育实践面临的都是个体化和社会化两个关键问题。生育本是人类的一项自然属性，通过个体的生育实践得以展现。生育实践需要个体基于他人的配合完成，即形成生育合意，② 不存在仅仅依赖权利主体自身即可开展的生育实践。市场与医学看似让每个人的生育活动从男女或家庭关系中解脱出来，可通过金钱关系借由市场中的社会分工完成自己的生育实践。但实际上每个人仍然活在一个大的社会关系之中，只是原本具体特定的关系被一般化了。个体通过市场实现生育的过

---

① [法] 皮埃尔·布迪厄，[美] 华康德. 实践与反思——反思社会学导引 [M]. 李猛，李康，译，邓正来校. 北京：中央编译出版社，1998：40.
② 即便在生育辅助技术发达的今天，精子或卵子可以与人体及人格尊严脱离而独立存在，个人看似可直接通过商业契约和医疗人员的操作，而再也不必与另一方直接发生关系地独立完成生育实践。但是，其中仍然需要有愿意提供卵子/精子的供应者，有同意施予生育辅助技术的医疗人员等，因而个人仍然不能独立完成生育实践，只是原本需要男女双方互动沟通以达成生育共识，转换为一方是否有能力支付对价和另一方能否相应履行合同罢了，即合意的产生形式发生改变而已。

程，仍然需要获得他人的支持，可以是他人的生育能力、身体机能或医疗技术能力，其中关键仍是合意的达成。概言之，个体的生育欲求终究需要依赖于他人的积极行为，这是所有讨论生育自由的前提。

在普遍意义上，行动越具有理性化，越容易达成目的，这是在目的与手段关系意义上说的。但行动理由的理性化并不当然指向他人的理解与认同，后者需要一种情境或特定文化的适当性，这赖于彼此共享一套意义框架，对生育实践尤为重要。而且，任一实践行为有其理由（不论实践主体是否清晰地意识到），但不一定都有其目的，理由比起目的更为复杂。理由强调的是实践的根据，目的则指的是激发某一系列实践的理由。目的的激发过程所指涉的是实践所要达致的可能结果，包含着行动者的信念以及付诸实践的能力，是理由的一类特殊类型。总的来说，理由并不都是目的，而目的均可作为理由。① 人的实践，不是从完全独立于社会关系的主体产生，而是从人与人之间交织而成的关系网中产生。生育实践，更不是独立的个体能够完成，其所关联的社会关系网，区分出明显的层级差异，从两人到家庭再到社会，一层层地铺展开来。行动者要为其实践提供解释来获得一定的他者认同，必然要符合互动关系中所内生的理由胜出规则，使与之交往互动之他者更有可能地理解其行动理由和预测其实践行为。上述这一过程，蕴含着社会结构的问题。社会结构包括两个不存在明确区分的要素：一是表示个体与群体之间的互动模式；二是互动在实践中的延续性。② 由此可见，不仅是外化

---

① 目的是指向所欲实践结果的那一部分理由，它是实践主体预先设想的实践目标和结果，贯穿于实践过程始终，但不一定自始至终为一，可能有多个目的或在实践过程中发生改变。简单而言，目的即意味着理由，是可以确认的。参见 Alan Millar. 行动理由与工具理性［M］//Jose Luis Brrmudez, Alan Millar（ed.）. 理由与本质：理性理论的论文集［M］. 纽约：牛津大学出版社，2002：13.

② ［英］安东尼·吉登斯. 社会理论的核心问题：社会分析中的行动、结构和矛盾［M］. 郭忠华，徐法寅，译. 上海：上海译文出版社，2015：69.

的规则和习惯，理由的胜出规则同样是关联于社会结构的，而且可以说，社会规则和习惯的适用逻辑是内含于理由的胜出规则之中的。实践是多理由权衡而自主抉择的行为，既然要有所抉择，那理由自然具有不同强弱的程度，某一理由比另一理由更强，有些理由比另一些理由更有分量，生育自由理念不是一种实践理由，其拓展的是人们生育实践的可能性，能够容纳更多的生育实践理由。因此，将生育自由作为权利提出，目的是为了使个人能够在个体与社会关系的互动中，撑开更宽泛的实践空间，也即在强调实践个性化与反思性的同时，缓解个性化与社会化，以及反思性与可理解性间的张力，重新达致一种新的双重统一结构。

在亚里士多德看来，目的（理由）在行为之外与行为自身，即目的（理由）是不同的。前者在生产领域，是一种原因的不断倒退；而后者意味着行为本身就是有意义的，故可以避免这种无穷倒退。然而，认为实践的目的即自身，并将自身作为理由，实质是赋予了某实践行为以必要的价值意义罢了。自身即目的的行动理由，其实只是一种原因的武断终止，仍然可以作进一步追问。因此，指出自身即目的与目的在身外，实际更重要的是其揭示了两种理由类型：一种是价值理由，一种是事实理由。

在拉兹看来，实践哲学以讨论的实践问题的类别进行划分，可分为价值理论、规范理论和归责理论，而行动理由（reasons for actions）是规范理论的最基本概念。[1] "男性偏好""多子多福""给小孩找个伴""传宗接代""养儿防老""养不起""专心事业""家庭完整""怀上了（对生命的尊重）""个人幸福"等，这些理由都是人们在说明其选择

---

① ［英］约瑟夫·拉兹. 实践理性与规范［M］. 朱学平，译. 北京：中国法制出版社，2011：4.

或不选择生育实践所提供的行动理由。这类行动理由中包含着两种陈述，用于构成理由的事实（facts）陈述和信念（beliefs）陈述。在拉兹的理由逻辑里两者都是能进行逻辑分析的。但他认为，是事实，而非对事实的信念，才是理由。"因为理由用于指导行为，而人们的行为常常由事实而非人们对事实的信念所指导。"① 可这样一种坚持，其实会面临着许多困难，或者说在问题分析中变得更为复杂与暧昧，与其整个理论的精致性不符。拉兹在说明"事实构成理由"这一观点时，把事实的意义进行了扩展，即指代"真的或有正当理由的陈述，因之而是真实的或合乎情理的东西"，"the fact that"所指的东西。② 在此意义上，尽管信念的内容不是事实，但是信念本身是一个事实。③ "×相信某事p"，这一事实可以是×和其他人的一个行动理由，即对行为的说明依赖于我的某一信念，而信念本身往往又蕴含着道德、价值、欲望或利益等因素。比如，某人秉持着"多子多福"这样一个信念，因而才希望生更多的小孩，并采取相应的生育实践，这样的理由是成立的。其中，"我相信多子多福"这样一个信念理由中，"多福"本身就是实践主体的欲望或利益。再如，某人"相信无后为大"，因而为了要生一个儿子，采取各种生育实践，并不惜违反计划生育政策，这里的"无后为

---

① ［英］约瑟夫·拉兹. 实践理性与规范［M］. 朱学平，译. 北京：中国法制出版社，2011：4.
② "凭借符合事实的或有正当理由的陈述，即为真实的或合乎情理的。"约瑟夫·拉兹. 实践理性与规范［M］. 纽约：牛津大学出版社，1999：7.
③ 关于信念的确立及修正，在逻辑学里是一个重要的命题。其中最为著名的是两个研究方案，一是信念修正理论，该理论提出了信念修正所遵循的逻辑公理（postulate）。二是20世纪后与动态认知逻辑结合的研究，给出了动态信念修正的逻辑语言和语义，其关乎的是接受新信息前后主体认知的变化。信念的确立及修正依赖于证据事实及从众心理。参见刘奋荣. 社会网络中信念修正的几个问题［J］. 哲学动态，2015（3）：84-89. 对于本书要说明对于非事实的信念，有益的是从众心理所揭示的，其关涉到社会互动网络结构下，身份关系对信念确立及修正的影响，这种影响与证据事实无关，持某种信念越多越亲密的关系者，影响程度越高，也即越容易脱离事实。所以对某种非事实的信念的强度，取决于实践者所处的共同体内部成员持该信念的数量与亲密度的乘积。

大"则同样包含着道德和价值判断，而非某种事实判断。徐向东教授从实践意向说明的角度，结合休谟的说明，将"信念"和"欲望"视为不同的功能存在："信念具有世界到心灵的合适方向（world-to-mind direction of fit），而欲望则具有心灵到世界的合适方向（mind-to-world direction of fit）。"① 做这种合适方向的区分，目的是为了说明两者的满足（或消失）条件的截然不同，即若是一个内容为 p 的信念，往往会因"非 p"的现实知觉而消失；而内容为 p 的欲望，则持续驱使持该欲望的主体促使 p 发生，不因"非 p"的现实知觉而消失。但实际上，能被现实知觉取消的徐氏"信念"，包含了一个特定的纯粹事实，故在事后才能够对其进行真假评价。在事情未发生之前，信念都是实践的一个重要理由。而徐氏的"欲望"为何难以被事实知觉所取消，乃是因为它永远可以寄希望于下一个事实，所以"欲望"从某种意义上而言，只是一个永远以不确定的未来事实作为内容的"信念"罢了。换言之，欲望不因"非 p"的现实知觉而消失，乃缘于可不断更替及延后的"信念"之存在；若没有相应的"信念"，"欲望"一样会枯竭。根本而言，不存在信念的欲望，是不可能驱动实践的；而信念若不包含欲望，则就如同给与己无关的他人的预言一般，本人不可能也不需要基于该预言采取何种实践。直言之，是信念理由内含了欲望因素，或欲望成了信念理由，才使得这种对实践的持续驱动力得以产生。相应地，这也就意味着，若基于存在可验证事实的信念理由而做出的实践，是可以通过事实（经验）去改变的。比如，"多子多福"，自身及周边人的相反经验，就很容易改变这一信念理由。因此，生育的行动理由不能一概论之，其包括事实理由与信念理由，而信念理由又包括可以通过事实（经验）改

---

① 徐向东.道德哲学与实践理性 [M].北京·商务印书馆，2006·178.

变的信念理由，和不能通过事实（经验）改变的信念理由。

二、生育自由理念与行动理由的关系

秉持生育自由理念的实践者，如何看待自身生育实践背后所秉持的信念理由或事实理由？或者说若持某种信念理由做出生育实践的话，是否属于一种生育自由理念？这是需要进一步说明的问题。一般而言，生育自由理念的指向主要不是对内的，而是对外的，也即对他人做出的生育实践应保持足够的宽容，只要其不干涉到自身的生育实践。然而，实际上又并非如此，如前所述，个人自治与自主实践具有的反思性与可理解性，需要考虑到个人与他人（包括待出生的小孩）及社会结构关系，自然就不是仅仅以不干涉为限，还应当涉及对他人或社会责任问题。因而需要对生育实践的行动理由进行反思，诉诸生育实践的可理解性。换言之，生育自由理念下，仍然需要实践者自身所依据的行动理由进行反思，需要获得他人或社会的可理解性。因此，信念理由抑或事实理由之于生育自由理念，是否存在内在冲突是需要予以考究的。

信念理由和事实理由的具体作用方式是不同的。对实践者而言，所谓信念或事实理由的区别，在实践的反思性特征与可理解性特征中可体现出来。实践者能够就自己的行为提供某种解释，但这种解释别人是否理解（暂不论是否认同），是取决于被实践者视为事实的信念理由能否同样被他人所理解，而不是取决于信念的内容是否是事实。因此，某一特定关系社会中必然共享一套相同的意义框架，否则解释或理解都无法发生。"提供解释"并不一定要付诸话语形式的表达，"一种在行为实施过程中能够被娴熟运用的默会知识，行动者很难对这种知识进行话语

形式的表达"，如吉登斯提出的"实践意识"①，或布迪厄所说的"惯习"（habitus）②，乃至吉尔兹所称的"地方性知识"③ 都涉及这一现象。而这种实践意识的存在，其主要表现就是信念，包含着道德、价值、欲望或利益等因素在其中。诚然，能够诉诸语言是最好的，即便是对真实意图的掩饰，也不能否认这种压抑了或扭曲了的意图解释是种能够在他人脑海里建构起行动合理性的根据，即，只要在行动者主观认识里可以成为一种行动理由，并且社会接受这一行动理由。因此，生育实践所秉持的信念理由若来自社会，那么生育实践的可理解性将得到保障，但其可反思性则可能是被压制的，或者说人们的生育实践的选择是被信念理由所支配的。因而这类源于社会、有特定生育实践指向的信念理由，往往对于生育自由理念是排斥的，尤其当生育自由理念所指向的具体实践与该信念理由所指向的生育实践相冲突时。

在传统生育习俗盛行的村落等区域中，人们生育实践的选择就展现出一种信念理由（实践意识）对于个人支配的状态。人们也许不曾准确地说明为何非得要生男来完成传宗接代的任务，或者为何总觉得要生两个以上才觉得好，尤其一些禁忌的作用机制，但在该地土生土长的人都深以为然，但对于一个外来者而言，往往是无法理解的。而且，即便难以进行话语形式的表达，行动者同样相信，这样的行为能达致某种好的状态或维持当前既有的平衡状态，尤其是避免某种坏的后果。因此，在行动者主观意识里，这亦是一种"事实"上的"目的—手段"关系，而与其共享一套相同的意义框架的人，也能够理解这种"目的—手段"

---

① ［英］安东尼·吉登斯. 社会理论的核心问题：社会分析中的行动、结构和矛盾 ［M］. 郭忠华，徐法寅，译. 上海：上海译文出版社，2015：63.
② 参见 ［法］皮埃尔·布迪厄，［美］华康德. 实践与反思——反思社会学导引 ［M］. 李猛，李康，译，邓正来校. 北京：中央编译出版社，1998：163-173.
③ 参见 ［美］克利福德·吉尔兹. 地方性知识——阐释人类学论文集 ［M］. 王海龙，张家瑄，译. 北京：中央编译出版社，2000：163-173.

关系，认同这样一种信念理由乃是所做出行动的合理依据。在生育实践情形中，当一个人提出"无后为大"时，同处中华传统文化圈内的人们必然能够理解；但若对一个西方外来者而言，则可能难以理解，并需要从文化、历史等方面事实做进一步补强解释。然而，哪怕该西方外来者最后理解了此生育实践与行动理由的逻辑关系，也不代表其会认同这一观点。信念理由，尤其是无法通过话语形式表达的实践意识，这类默会知识对于外来者而言，要想获得该"认知—意义"框架，并不是一件容易的事。换言之，要想获得非共享同套框架的人的理解，是很难的，因而又往往需要通过别的事实对此进行解释和补强。比如，若将生育理由归于男孩更适合于田里体力劳作时，这样一个事实理由所能获得理解的范围度与可能性就会更高，进而更容易获得他人的接受，在这里不需要某种特定意义框架的存在。概言之，事实理由均可以通过话语形式的解释提供，故而更具有清晰确定性；而信念的实践意识具有模糊潜在性，且依赖于是否共享同套认知框架下的意义系统，导致他者的可理解或认同度上是有区别的，进而作为一种行动理由的有效程度，亦是有差别的。然而，它却能够塑造一个人关于某种理所当然的道德看法，成为个人实践选择的强有力理由。

行动理由的陈述——事实理由与信念理由的区分，揭示出实践行为在个性化与社会化间的张力，实践可反思性与可理解性在不同人群中的差异。在不同的共同体之间，事实理由抑或信念理由，会带来不同范围的社会化程度，因为人们对于事实理由的理解与信念理由的理解模式是不一致的。信念理由的理解需要共享同一套意义系统；而事实理由只需要符合人们的经验常识或一般的自然因果律即可。对于实践者个人而言，信念的内容无论是否事实，皆不妨碍行动者将其作为事实看待。故信念理由同样可被视为事实理由。但相较两者，仍然具有一些差异，但这不是真假的差异，而是证明方式的差异。事实理由往往承担的是，补强或确定信念理由的功能；以及，当实践者认为其所依据的事实理由为假时，就会援引信念理由。生育实践的理由中，信念理由与事实理由就存在此重要的差别，它们决定了生育实践者在获得不同主体理解中的不同策略。对于一个群体而言，生育的事实理由虽然能被更多人所理解，但每一个人所处的现实境况是不同的，因此事实理由盛行所导致的结果是生育实践行为的多元化，这与生育自由理念的外观是一致的；而生育的信念理由是内生于该共同体的日常生活和文化结构中的，因此具有高度的统一性，由此导致的群体成员的生育实践行为也就具有高度的一致性。

回到生育自由理念本身，作为一种观念，难道它不是一种信念理由吗？从其作用方式来看，生育自由理念不同于信念理由，它并不要求生育实践者做出特定的生育实践，秉持生育自由理念的生育实践者或更多地诉诸事实理由，或者作为某种信念理由的辩护，又或是用之于宽容他人的生育实践及行动理由。这是对内与对外两种不同的应用，但应该清楚的是，不论是作为信念理由的辩护，或是对他人生育实践的宽容，都是要建立在可理解性基础上的，进而要求所有主体都应当将生育实践建立在反思性基础上，即置于个人与亲密伴侣（他人）、社会及国家关系上。生育自由理念可在一定程度上兼容其他的信念理由，但与之相反，生育实践的信念理由则拒斥生育自由理念；生育实践的事实理由若能够被生育自由理念所兼容，或能被生育实践主体诉诸为行动抉择的重要理由，那么它本身必然能赋予生育实践自主选择的空间。因此，在生育激励机制的建构上，暂且不论其是否以生育自由理念为基础，但若要能够被生育自由理念所兼容，那些所能激励人们生育实践的措施，应当是作为主体做出生育实践选择的行动理由之"辅助性理由"，而非特定生育实践的"实施性理由"①，更不应当成为"排他性理由"②。

于此，我们首先简要说明一下为何生育激励机制不能够承担排他性理由的功能，因为作为排他性理由会侵害到生育自由理念。拉兹区分了两种不同类型的冲突，以完成实践冲突的逻辑理论构建。他认为应当区分一阶和二阶的行动理由，一阶理由之间的冲突可由冲突的理由的相对强弱得到解决，但这种解决方法不适合于一阶理由和二阶理由（second-order reasons）间的冲突。二阶理由是高阶理由，在一阶理由之上，因此，如果一个实践冲突包含了一个一阶的行动理由和一个排他性的二阶理由，排他性理由总是优先，即应当按照排他性理由实践。排他性理由与一阶理由的区分，可说明以下这样一种实践场景：尽管在全盘考虑之后，我们对于应当做什么一清二楚，但是我们还是相信被击败的理由并不只是被"其他理由"胜出了，认为这不是一种严格的强弱对比关系的结果。为此，拉兹认为必须引入排他性理由，因为其能够提出不同的评估方式，一种"具有某种自治性，但在该情况下，不应该

① "当且仅当，信念其存在包含着实践批判态度的称为实施性理由"。其中，朱学平译本为操作性理由，实际是有点歧义的。Operative 一词指实施中的，有效的或起作用的，是能够导向现实的一种概括的抽象、价值，本身并不当然包含操作性的具体步骤、方法、手段等。与之相对的是辅助性理由（auxiliary reasons），辅助性理由中能起到许多作用，但需要指出的是它们具有帮助确定有理由实施的实践行为的功能，故承担该功能的辅助性理由又可称为确定性理由（identifying reasons）。主要有两种情形，一是对有操作理由实施的实践行为的具体确定。例如，我想帮助他，这是实施性理由，而具体借给他 400 元就能帮助他（当然可以更多），则是辅助性理由。二是用在冲突理由间的强弱对比时可帮助确定哪 个更有分量。例如，我想帮他，这是实施性理由，但有两件事都能做到，然后哪种做法更有益则需要引入辅助性理由来处理。参见 [英] 约瑟夫·拉兹. 实践理性与规范 [M]. 朱学平，译. 北京：中国法制出版社，2011：25-27；约瑟夫·拉兹. 实践理性与规范 [M]. 纽约：牛津大学出版社，1999：33-35.

② 所谓排他性理由，排除一阶理由权衡的二阶理由，即在特定情形下不应该据实践主体的自治性结果而行动。参见 [英] 约瑟夫·拉兹. 实践理性与规范 [M]. 朱学平，译. 北京：中国法制出版社，2011：29-39. 拉兹的排他性理由实际包含两种类型：经验的排他性理由和权威的排他性理由。义务性的规则只涉及后者；而且，拉兹在讲述排他性理由时也主要讨论的是权威的排他性理由，笔者于此论述的对象是国家层面构建的生育激励机制，其背后是公权力，因而同样指的是权威的排他性理由。

据自治性结果而行动的评估"①。可见，生育激励机制要建构在生育自由理念之上的话，必须作为一阶理由，这些生育激励机制应当是作为事实理由，影响人们的生育行动理由间的权衡，而非成为一种二阶理由，也就是排除一般事实考虑的排他性理由。如果生育激励机制成为应当按照其开展生育实践的行动理由，那么生育激励机制就无法称为生育激励机制，而是生育强制机制了。生育激励机制以辅助性理由的身份作用于事实性理由，发挥其帮助确定实施性理由的功能，即更积极地诉诸具体生育实践的功能。比如，"我想生育"这一实施性理由，目前有相关生育激励措施则是让我确定何时生育或以何种方式生育更优，而不是让我再考虑考虑，等待时机。诚然，往往是因为人们有生育这一意愿，生育激励措施才可能发挥作用，很少在没有这样一种意愿的前提下，基于生育激励措施而产生生育的意愿，比如，生育一个小孩补贴一百万，有人基于此措施而选择生育以求获利，这种情形当然可能存在，但这是荒唐的，也是不可持续的。因此，生育激励机制也不适宜作为人们生育实践的实施性理由。简言之，所谓生育自由理念下的生育激励机制，实乃为人们提供更多的辅助性理由，使得那些诉诸生育的实施性理由能够在一阶的行动理由强弱对比中胜出，或者在具体确定生育行动决策时，促使人们做出更优的生育实践方案。

---

① ［英］约瑟夫·拉兹. 实践理性与规范［M］. 朱学平，译. 北京：中国法制出版社，2011：39.

第二章　生育自由的权利论析

　　前述笔者已经论述了生育自由理念及生育自由理念下的生育激励机制，但生育自由理念的具体化，或者其双重统一的结构形成，是要通过生育权的建构完成的。权利保障的是人实践之反思性与可理解性。根本上而言，权利具有正当化实践选择的功能，是行动者在选择实践或对其选择的实践进行正当化的过程中，拟向他人传达的内容的集合。权利是可正当化自我选择之实践的理由，它能够使特定实践获得最广泛理解与认同。一直以来，以生育自由理念为核心的生育权，在中国是被矮化的。2021 年 8 月 20 日，十三届全国人大常委会第三十次会议表决通过了修改《人口与计划生育法》的决定，至此，社会抚养费步入历史。同时，国家将采取财政、税收、保险、教育、住房、就业等支持措施，减轻家庭生育、养育、教育负担。常年只限于民事纠纷的生育权，将逐步获得它的全貌，成为我们重新探讨生育权的重要契机。必须再次强调的是，个体的生育欲求终究需要依赖于他人的积极行为，这是所有讨论生育自由的前提。而且，忽略这一前提，我们还会在"生育权的主体是夫妇还是个人？男性是否享有生育权？个人的生育权如何实现？"等问题存在诸多疑惑。

第一节　生育权的概念分析

生育权是一项基本人权。根据国际规约，夫妻双方或个人在行使其生育权时应该考虑到自身的社会责任和现有及将来子女的需要，但他们行使生育权仍然是基于个人自主意志的。生育权的行使是寄希望于生育权主体在充分知悉信息、接受相关教育和拥有相应手段的基础之上做出理性抉择。可见，若以国际规约中的生育权为核心展开制度建构，必须以理性主体的预设为基石，为其构建可理性决策及实践的制度环境。而且，考虑到人口是一个国家的基础与重要资源，人口过多或过少都会给国家带来严峻的问题，国家总是希望将公民生育纳入计划与调整的范围，从而对公民生育进行干预，因而理性人假设是保障公民生育（自由）权的根本前提。①

一、生育权的核心主张

生育自由要纳入法律规范结构中作为一项法律权利，需要了解其所涉的权利内涵与义务指向。目前，学界主要以生育权的夫妻共有说来解释，即配偶之间以共同共有的关系享有并支配该权利，并通过生育协定来解决其中的冲突。而在具体个人上，有学者承认公民有对抗政府权力意义上的生育权，但丈夫没有对抗妻子、调整婚姻关系的生育权，并将

---

①　在中国，过去的计划生育制度恰恰是以公民在生育领域上的非理性为前提，但目前的低生育率状况说明公民在生育上已然变得理性。因此，我们有必要以理性人假设来重塑中国的生育制度。

司法意义上的生育权归为女性专属。① 就此而言，这种判断实际忽略了即便女性，生育欲求的实现仍然需要依赖于他人的积极行为；但若诉诸生育协议的履行，实际已非生育权的问题，生育权只是生育合意达成的基础；另外，这种积极行为的相互依赖，又决定了"夫妻"整体的生育自由与个体生育自由的差异，使之不可能只是后者的衍生。我们需要重新审视生育权的核心主张。

由于权利的主张都符合逻辑地包含一些相对应的义务，所有法律赋予的权利都必然基于某些义务的存在。② 这也就意味着，必须基于某些义务的存在，权利主张才能够得以实现，否则只会沦为纸上权利。于此，一种基于证立论视角重新阐释的霍菲尔德式权利分析理论③，是一个很好的分析模型。因为后者的主要特点是：①找到概念的最小单位，

---

① 参见潘皞宇．以生育权冲突理论为基础探寻夫妻间生育权的共有属性——兼评"婚姻法解释（三）"第九条［J］．法学评论，2012，30（1）：60-66；马忆南．夫妻生育权冲突解决模式［J］．法学，2010（12）：15-19；陈雅凌．夫妻生育权冲突之对策研究［J］．中国社会科学院研究生院学报，2021（1）：79-87；周永坤．丈夫生育权的法理问题研究——兼评《婚姻法解释（三）》第9条［J］．法学，2014（12）：9-15；朱振．妊娠女性的生育权及其行使的限度——以《婚姻法》司法解释（三）第9条为主线的分析［J］．法商研究，2016，33（6）：51-60；等等。

② 参见［美］卡尔·威尔曼．真正的权利［M］．刘振宇，等译，刘振宇，译校，刘作翔，审定．北京：商务印书馆，2015：20．另，这种基于"个人的利益与他人的义务的证立关系"，即权利的证立论路径，被一些学者认为是优于权利的意志论和利益论等其他路径。详情参见于柏华．权利的证立论：超越意志论和利益论［J］．法制与社会发展，2021，27（5）：104-122．

③ 霍菲尔德是分析法学派的主要代表之一，1913年发表的《司法推理中适用的基本法律概念》一文，使其一举成名。这一篇文章涉及的内容即权利概念的逻辑结构分析，其理论被称为"逻辑论原了主义"。对丁霍菲尔德式权利理论的批判与辩护，主要在于其形式问题所导致的权利内容问题上，即"权利蕴含义务"命题错失了权利的"开放性内容"。然而，问题在于，这是一种对形式的误解，形式不涉及内容的同时，也意味着其可对内容开放，在"权利—义务"相关关系里，从来就不是一种单向关系，而是一种双向关系，因而只限于"权利蕴含义务"的理解是片面的，而且逻辑关系下的"权利—义务"关系与法律具体规定中的"权利—义务"关系并不等同，尚未确认的义务情形只是就规范而言的，一旦确认仍落在"权利—义务"关系里，并不影响后者逻辑的有效性。而且，"权力—责任"相关关系，更是为这一逻辑结构带来了形式上的开放性。就此，阿列克西通过所谓"确定地蕴含义务"和"初显地蕴含义务"辩护，实际是一种基于逻辑对现实法律规范的补充说明与回应。参见罗伯特·阿列克西．一种宪法权利的理论［M］．Julian Rivers，译．纽约：牛津大学，2002：57，181．

贴上标签；②分析相依存关系：权利—义务；③分析相反关系：任何事物都有它逻辑上的对立面。概言之，霍菲尔德认为我们日常所谈的权利一词过分含糊与宽泛，需要进一步细化与明确，才能作为有效的概念分析工具区分与分析相关的法律关系，这些概念被霍菲尔德称为"法律的最小公分母"。而这些法律的最小公分母就是 Right（请求权①），Privilege（特权②），Power（权力），Immunity（豁免）和 Duty（义务），No-right（无权利），Liability（责任），Disability（无能力无权力）。通过"法律相关物（Jural Correlatives）"和"法律对立物（Jural Opposite）"两种方式进行排列：③

Jural Correlatives	Right 请求权	Privilege 特权	Power 权力	Immunity 豁免
	Duty 义务	No-right 无权利	Liability 责任	Disability 无权力

Jural Opposite	Right 权利	Privilege 特权	Power 权力	Immunity 豁免
	No-right 无权利	Duty 义务	Disability 无权力	Liability 责任

---

① 霍菲尔德认为，一般使用的"权利"一词含义太广以致无法确定，因此通过与其相关的"义务"一词来使其含义得到确定，故，霍菲尔德将权利（Right）界定为狭义的权利，即"请求权"，其内涵是通过"义务"来界定的，由此与我们平常使用的那种含混不清的权利区分开来。

② 若以单词字面上的意思来看，翻译为"特权"为佳。但需要注意的是，霍菲尔德在通过分析 Lord Lindley 在 Quinn v. Leathem 这一案件中的思路，得出"特权"与作为法律关系的"自由"具有同样的含义——即使不伴随对抗"第三人"某种干预的特殊权利，此种听凭自愿与他人交易的特权或自由依然可能存在。而且，霍菲尔德指出，"特权"并非专门地与特别法或特别主体的特别利益相关，因而实际这为"自由"之意，会更贴切作者原意，特此说明。

③ See Hohfeld, Wesley Newcomb. "Fundamental Legal Conceptions as Applied in Judicial Reasoning." The Yale Law Journal, vol. 26, no. 8, 1917, pp. 710-770. 参见韦斯利·霍菲尔德. 司法推理中应用的基本法律概念 [J]. 耶鲁法律，1917（26）：710-770.

根据霍菲尔德的分析，权利可区分为请求权、特权、权力和豁免，虽然只有请求权直接与义务相关，但其他三个基本法律概念也或间接地与义务发生不同的关联。

第一，请求权与义务相关而与无权利相反。若甲拥有对乙为或不为特定行为的请求权，则乙便对甲负有为或不为该特定行为的义务。换言之，甲的请求权实现，取决或依赖于乙对相关义务的履行。那么，若将生育权视为一种请求权，甲能否基于生育权，要求乙为或不为特定行为？显然，我们很难设想出这样一个场景来。例如，甲意欲明年生育，他能要求获得相应的支持和配合（如国际规约里指出的生育信息、教育或者手段等）吗？其核心问题在于这由谁供给，显然不能由同样具有生育权的公民乙供给。甲的生育权的具体实现只可能建立在与他人积极的实践共识之上。这也就意味着，夫妻之间的生育权纠纷中，一方不得以另一方不愿生育而以侵犯生育权请求对方承担侵权责任。而如果基于订立有关生育的合同，那么，就不是生育请求权，而是合同请求权的问题了。此外，如果是政府呢？甲是否能够基于生育请求权，即为了生育的需要而要求国家应当给予基本知情、教育和医疗保障，而且，其中医疗是否包括生殖辅助技术？或者说，国家有没有义务开放乃至使生殖辅助技术普惠性供给？概言之，这里的核心问题是，国家在公民生育上能够承担多大的保障义务？该义务基于何种理由以至于公民能够向国家作生育请求权的主张。以上的追问，需要在生育权具体权能与实践层面上做进一步的探讨。

第二，特权（自由）与无权利相关而与义务相反。特权意味着他人的无权利，它是对义务的否定，也就是说，自身无不得为某特定行为的义务的同时，他人无权利令自己不得为某特定行为之权利。因此，若将生育权视为一种特权，即意味着对个人生育之特定义务和他人相关权利主张的消灭。需要注意的是，生育特权并不意味着具有对其他人的生育请求权，也不意味着能够侵犯他人的生育权。生育特权（自由）的实现，在于生育主体免受和抵抗任何组织和个人的干涉，本人无义务生育或不生育，对方亦无权利要求生育或不生育。比如，怀孕的妻子有权单方决定是否生育，丈夫不能对其进行干涉，对于妻子单方终止妊娠的，丈夫不能以侵犯生育权请求妻子承担侵权责任。可见，这是最符合我们关于生育权的基本想象，并凸显出生育权于个人而言的防御功能，其指向的是一种消极自由。而积极的生育行为要实现，则必须与他人达成积极的生育合意。

第三，权力与责任相关而与无权力相反。权力与责任的相关关系，可分别借由与请求权、义务的区别进行理解。权力是个人基于其居于支配地位的意志而拥有改变法律关系的（法律）能力，改变法律关系，也即意味着为自己或他人创设、变更或终止法律利益。相应地，责任则是承受权力所能改变的法律关系的状态，① 但这里包括所有四组法律关系。② 也就是说，处于责任状态下的个人具体可以是八个公分母中的任何一个。与义务相关联的情境里，责任是"因违约或违反其所负担的任何义务而所处的那种状况"③，由权力与责任相关关系可得，A 违反义务创设了一种责任状况，因而违反义务是种权力。B 承受了该责任状况，从而有了是否起诉的权力。若 B 提起诉讼，那将创设新的法律关系，A 在此新的责任状态里，被赋予应诉的义务。可见，最终还是会指

---

① 正是在这样一种意义上，有学者为了不与作为日常用语而具有多义的"责任"关联与发生误解，将霍菲尔德的"Liability"译为"被改变"。然而，这种译法虽然不容易产生误解，但其作为法律概念相较于其他几个概念仍然是稍显突兀，而且，霍菲尔德的整套概念，实际都与日常用语相区别，因而只要做适当解释，并进入其语境内，是不存在严重的理解问题的。参见于柏华. 权利的证立论：超越意志论和利益论 [J]. 法制与社会发展，2021, 27 (5)：104-122.

② 参见 L. W. 萨姆纳. 权利的道德基础 [M]. 纽约：牛津大学出版社，1987：27-31.

③ ［美］霍菲尔德. 基本法律概念 [M]. 张书友，编译. 北京：中国法制出版社，2009：69.

涉"请求权—义务"。那么,此种权力意涵上的生育权,可以涵摄何种意义上的生育自由呢?例如,当一个人拥有生育的权力是否意味着他(她)能对其自身的生育能力做出任意处分?如提出某种邀约,售卖自己的精子或卵子?或成为一个代孕母亲?再者,能否基于生育的权力单方面创设一种法律关系,如向国家申请特定的生育补助或生育保障?或者亲权是否是由生育权创设出的一种责任状态?显然,若仅就"权力—责任"关系逻辑而言是可行的。然而,上述这些问题实际并没有那么简单,它们同时关涉到个人能否自由处置自身的身体、生命的人格尊严价值,国家或社会应该给公民生育提供何种支持以及亲权关系等问题,这是与该社会的具体伦理与制度实践密切相关的。

第四,豁免与无权力相关而与责任相反。霍菲尔德指出:权力之于豁免当如请求权之于特权,权利是某人针对他人的强制性请求,特权则是某人免受他人的请求权约束之自由;权力是对他人对特定法律关系的强制性"支配",则豁免当然是在特定法律关系中,某人免受他人法律权力或"支配"约束的自由。① 豁免是一种免除,免除权力本所产生的责任状态,指向对方的无权力,也即对方无法改变其既有的法律关系的状态。豁免与特权可通过设定义务的法律作区分:对设定义务的法律作例外规定,实乃构成一种设定豁免的法律规定;而不设定义务的法律本身,即乃一种设定特权的法律规定。也就是说,生育豁免与生育特权(自由)之间的区别,在于是否存在义务法律这一前提。生育豁免是设定生育义务的法律之例外,而生育特权是设定生育义务的法律之缺席。豁免权作为设定义务的法律的例外而发挥作用,主要有两种方式:①通过限制必要行为的范围来限制义务的定义;②将某些人或某类人排除在

---

① [美]霍菲尔德. 基本法律概念 [M]. 张书友,编译. 北京:中国法制出版社,2009:70.

规则之外。对此，我们可以在诸多基于特定条件而被允许生育的规定中，如少数民族、曾经的"双独二孩""单独二孩"中发现这种生育豁免权。

法律之所以具有设定义务的性质，是因为它通过设定强制性的理由来限制或者意图限制某些特定行为的作为或者不作为，① 或者用拉兹的话说，"法律承认个人的利益构成了他人担负一项义务的充分依据。"② 然而，通过上述分析，可以看到就"生育自由"本身作为强制性的理由或法律承认的个人利益，其作为充分依据所能指向的义务主要是生育主体之外的他者不作为义务，且生育主体本身不存在生育或不生育的义务。换言之，生育主体有生育或不生育的自由，然而这是对其自身而言；对于另一生育主体而言，由于两者都同样具有生育权，因而只有消极的生育自由，而积极的生育自由只能建立在生育合意的基础之上。但是，不得不注意的是，由于生育行为的后果关系到另一个主体的诞生，因而这种建立在生育合意的积极自由，必须考虑生命尊严这一价值。就生命尊严而言，它是一个相较于生育合意更高位阶的强制性理由，其赋予生育主体以超越"生育自由"及"意思自治"价值的义务。③ 也就是说，生育主体所要履行的生育或不生育的义务只能基于生命尊严的考

---

① ［美］卡尔·威尔曼. 真正的权利［M］. 刘振宇，等译，刘振宇，译校，刘作翔，审定. 北京：商务印书馆，2015：20.

② 约瑟夫·拉兹：公共领域的伦理学：法律和政治道德论文集［M］. 纽约：牛津大学出版社，1995：268.

③ 朱振在《妊娠女性的生育权及其行使的限度——以〈婚姻法〉司法解释（三）第9条为主线的分析》一文中，通过霍菲尔德式的分析仅将生育权视为女性的特权，这是其重点关注夫妇间主体关系而得到的，而其对女性生育特权的限制，诉诸行动理由的道德评价，并在阐述婚姻价值的善内涵时导向生养子女，并基于特定条件可诉诸妻子承担损害赔偿责任，以以合理理由的堕胎作为相应阻事由。虽然朱文始终保持一种谨慎态度，并也强调个人自觉的有限性，但有关婚姻价值的讨论还是忽略了婚姻价值的多样性、合理理由的不确定性和诉诸传统可能带来的"父权"问题。参见朱振. 妊娠女性的生育权及其行使的限度——以《婚姻法》司法解释（三）第9条为主线的分析［J］. 法商研究，2016，33（6）：51-60.

量，比如，基于母体生命安全而允许其大月份堕胎，或禁止对已可视作生命的胎儿进行引产，或基于遗传疾病的考虑而对个体生育予以限制等。正是因为生育自由的这两项特质——基于生育合意的积极自由与涉及新生命持存的行为后果（即不仅仅只是生殖，还包括子女抚育），因而激励生育相较于限制生育困难得多，激励生育是要促成社会个体的合作以及面临新生命的诞生与成长，而限制生育只需要针对原子化的个人及其生育能力，这将在后文与生育制度的关系中进一步加以说明。

二、生育权的具体权能

在上述基础上，生育权客体，即权利行使所及的对象，[①] 可区分为生育能力与生育行为。以其法律关系客体的分类而言，生育能力属于人身、人格，生育行为属于行为。[②] 我们借此可进一步细分出生育权的各项权能，具体包括生育能力支配权、生育行为自决权、生育信息知情权和生育保障获得权。前两项是核心权能，后两项是派生权能。派生权能是保障核心权能得以顺利实现所产生的。

（一）生育能力支配权

生育能力支配权指的是生育权主体具有自主决定有关"生育能力"的权能。在自然条件下，这主要为主体对生育能力的保有和自愿绝育的认可，以及对非自愿绝育的限制、禁止。[③] 生育能力支配权是生育权的一项重要权能，也是其他权能的前提。在现代医学意义上，"支配"还可能包括恢复自身的生育能力。若主体积极恢复自身因非主观因素而丧

---

① 葛洪义. 法理学（第三版）[M]. 北京：中国政法大学出版社，2017：358.
② 张文显. 法理学（第五版）[M]. 北京：高等教育出版社，2018：158-159.
③ 周平. 生育与法律：生育权制度解读及冲突配置 [M]. 北京：人民出版社，2009：93-94.

失的生育能力，自然是对非自愿绝育的重要救济方式，属于生育能力支配权的权能内容。但是，若主体积极寻求以他人生育能力来替代或补偿自身的生育能力功能，则不属于此权能内容。生殖辅助技术中代孕技术为何难以获得支持，也即如此，因为其涉及第三人的生育能力，这不属于生育能力支配权的权能内容，应当限定在权利主体的生育能力本身。而且，正如前面所述，生育自由及意思自治价值不能超越生命尊严价值，也就是说，即便自主处分自己的生育能力，如出租自己的子宫、出售自己卵子或精子为他人提供代孕服务也同样被禁止，不属于生育能力支配权的内容。因为这涉及生命尊严价值，尤其是对即将诞生的生命而言，这些商业行为一开始就将生命物化与商品化，侵犯了其人格尊严，从而应当受到限制。① 因此，生育能力支配权只是涉及两方面的内容：一是主体能够享有自主处分其生育能力的权利，包括对公民个人生育能力的保有、恢复和自愿绝育的承认；二是主体能够拒绝非自愿处分其生育能力的权利，既包括对公民个人非自愿强制绝育的限制、禁止以及由此恢复生育能力的救济，也包括对其非自愿的保有或强制恢复其生育能力的限制、禁止。

生育能力支配权是一项霍菲尔德式的特权（自由）。在霍菲尔德的表述中，只要经过仔细推敲便不难看出，他认为"特权"首先是与"义务"相反，然后才是与"无权利"相关，因此，"特权"的前提是"义务"的不在场。当我们说生育能力支配权是一项"特权"时，指的是公民个人"无义务"不享有生育能力支配权，享有的"特权"是对"义务"的否定；对于其他人而言，既包括亲密伴侣在内的他人，也包

---

① 基于医学、公益、家族互助等非商业目的的代孕、提供卵子或精子，是可以被允许的。因为这不涉及对自身身体和婴儿生命物化与商品化的问题，即没有侵犯生命尊严价值。但在实践中需要谨慎，注意严格甄别。

括国家，则"无权利"对其享有生育能力支配权做出干涉，包括对其进行非自愿强制绝育、禁止，和非自愿保有或恢复生育能力。

（二）生育行为自决权

生育行为自决权作为生育权的核心内容，一般依据《世界人口行动计划（1974）》中所确定的"所有夫妇和个人享有自由负责地决定生育孩子的数量和生育间隔……的基本权利"所引申出来的权能，即生育权主体自主决定有关"生育数量""生育时间"及"生育方式"的权能。若依据前述的分析，这里所涉及的积极自由，自然不可能个人单独得以决定，其行为主体必然是"夫妇"或形成生育"合意"的两个人。

虽然生育行为自决权与生育能力支配权同样可归于"特权—无权利"关系中，但前者为生育行为，与人格、人身的生育能力相区别，而且基于生育行为自决权主体的不同，有不同的权能内容。对于个人而言，生育行为自决权显然只能在消极意义上成立，意味着个人只能否定性地决定生育行为。而要积极性地展开生育行为，就必须获得他人的同意，也即需要形成积极的实践合意。也正是在这一基础上，完整的生育行为自决权至少是由男女双方共同持有的。① 然而，生育行为不仅是一种自然行为，更是一种社会行为。也就是说，生育行为是受到诸多特定社会伦理规范或国家法律的制约或支持的，比如，特定生育辅助技术的禁止（生育方式的选择限制）、以合法婚姻为要件的规定（生育伙伴的选择限制）等。换言之，当然可以有自然意义的生育行为，但该行为能否获得社会的承认又是社会建构的，表现为违反社会伦理规范或国家

---

① 此乃从生物意义上说明的，即便是同性伴侣要采取生育行为，也必然依赖于另一性别的他人提供精子或卵子。

法律规定的生育行为，可能会受到国家或社会的限制或禁止，或者无法受到相应的社会或国家支持及保障。但正如前文生育权的核心主张所分析的，生育主体所要履行的有关生育的义务只能基于生命尊严及其他更高位阶的价值的考量，否则都将涉及对生育行为自决权的侵害；而且，若以保障生育行为自决权而言，国家更恰当的做法不是对偏离规范的生育行为直接采取禁止性规定，而是以不为其提供相应制度性支持及保障的方式予以调整。

（三）生育信息知情权

生育信息知情权是指生育权主体对于自身生育相关的信息具有了解知晓的权利。对与自己相关的生育信息是否有权知道，直接关系到生育权主体的人格是否受到尊重，避免因"茫然无知"而陷入生育的误区，丧失应有的生育利益，也避免因受蒙蔽而听任他人摆布，生育信息知情权是理性行为自决、达成生育合意的前提。在生育信息知情权里，主要有：①夫妻之间彼此享有知情的权利，互负告知的义务，这其实也包含在夫妻忠实义务之中。基本内容包括当下的生育意愿、生育计划、影响生育的身体状况、采取的生育措施和受孕情况等。比如，"想不想生育""希望什么时候生育""是否不孕不育""是否有影响生育的遗传性疾病""是否怀孕"等，这些都是关乎个体当下能否做出理性抉择、达成真实的生育合意的信息，不应该存有欺骗的行为，但曾经存在却不影响当下生育实践的信息，或可视为个人隐私信息，可以不予以告知。而且需要注意的是，这一行为只指向告知，能否真正做出理性抉择、达成合意是另一回事。②个人对医疗机构等相关第三人享有知情的权利。例如，就产前检查的种类及常规检查的相关注意事项及局限性等问题，医生应告知孕妇夫妇，而没有履行该告知义务，或者未履行相应的注意义务而导致夫妇对生育信息①的获得有误等，都是侵犯孕妇夫妇生育信息知情权的行为。

生育信息知情权主要是在"请求权—义务"这一组关系中体现，具体发生在生育权主体与相关信息知情者之间。简单说来，霍菲尔德认为"请求权"一定是与"义务"对应的，这里的义务涉及信息告知问题。告知义务的前提是有占有对他人生育决策产生影响的信息的可能，即基于特定身份，如配偶、医生、计生工作者等占有相关信息而需要予以告知，实乃一种角色义务。例如，A 有权利主张某特定角色 B 告知其有关生育信息，那么，对于 A 而言，该特定角色 B 则负有告知的相关义务；或者由于某特定角色 B 占有相关重要的生育信息而不告知，导致 A 做出错误的生育决策或生育行为而形成相应的不利后果，可以主张 B 承担相应的责任。

（四）生育保障获得权

生育保障获得权，实际是使作为自由权的生育权多了一重社会权的维度，并添上了更浓厚的公法色彩。显然，任何自由权的实现都需要国家提供前提条件和保护，区别只在于当中依赖条件的多寡和需要保护的程度，但若以此来说明生育自由的积极一面，显然误解了积极自由与消极自由区分的重要性，以及错置了国家保障的真正原因。实质是，一旦生育变成某种国家计划，为了计划的顺利实施和考虑到生育的社会责任，国家就有义务给公民提供相应的保障，即国家干预强度应当与保障强度相适应并且成正相关关系。由于目前我国实行的计划生育政策及制度，施加了公民遵守的义务。例如，如今基于"推动实现适度生育水

---

① 注意，这里不包括胎儿性别信息，这涉及更高阶的胎儿生命尊严与男女平等的价值而必须受限。

平、优化人口结构、促进人口长期均衡发展"而做出"一对夫妻可以生育三个子女"规定及相关支持措施，① 同样存在对生育行为自决权的一定干预，从而产生两个法律效果：一是限制了夫妇及个人的生育行为自决权，二是基于其干预程度而必须承担相应的生育保障责任。因此，为创造有利于计划生育顺利实施的良好氛围，平衡夫妻与国家在生育方面的权利义务②，国家应该承担对生育权的积极义务，即建立和完善"生—育"保障制度，保障计划生育家庭合法权益。生育保障获得权是在这一逻辑下产生的，我们可以从霍菲尔德的"权力—责任"关系中得到明晰。

从逻辑结构看，霍菲尔德式的私主体的权利与公主体的权力是一致的，强制是一种事实属性。生育保障获得权里的权利结构中，权利主体和国家呈现的并不是一种"请求权—义务"的关系，而是一种"权力—责任"的关系。显然，国家创设计划生育制度，是其权力行为，由此赋予公民是否遵守该制度的选择权，若公民选择遵守便拥有一种权力，即生育保障获得权，使政府置于一种责任状态。霍菲尔德在其论述中着重提到了"公共事业"者的"责任"，此类当事人的地位介于普通要约人和选择权授予人之间。他指出 Prof. Wyman 在其研究公共服务公司时，将旅店经营者、普通邮递员以及其他类似服务者所承担的误认为是"现时义务"，而实际应当是"现时责任"（present liabilities），因为与"责任"相关的是公众成员各自的"权力"。例如，当一位旅行者通过适当的要求及支付足够的费用便拥有法律"权力"，从而令旅店经营者负担接受其为顾客的义务，由此创设的义务若遭违反，就会导致诉

---

① 《中华人民共和国人口与计划生育法》（2021 修正）第二条第二款，第十八条。
② 这里的权利义务是一种泛称，并不对应霍菲尔德权利概念逻辑分析框架里的相应法律公分母概念。

讼。因此，旅店经营者在某种程度上就如同将选择权授予了每一位旅行者。仅就法律后果而言，"现时责任"与"现时义务"之所以有所不同，仅是由于前者可借关门歇业而消灭其"现时责任"以及旅行者的相关"权力"，但其难以通过类似撤回邀约的简单行为来消灭其"责任"。① 生育保障获得权同样如此，公民通过实行符合计划生育政策及制度的生育行为，便拥有"权力"，使政府处于应当提供相应的生育卫生健康知识教育、生育辅助技术服务以及其他生育保障制度等责任状态，反之公民则"无权力"。就此而言，生育保障获得权不是基于生育权的所谓人权属性而自然获得的，这是需要予以澄清的。

第二节　生育权的实践确立

在探讨了生育自由（权）于规范层面的建构之后，需要进入权利的实践层面展开再审察与反思，否则我们无法理解生育权为何在不同国家和地区中有着不同的规范意涵和实践样态。更重要的是，我们需要了解生育自由应当如何才能跃升为实然层面的生育权。作为人类一种自然行为的生育，本就无所谓权利义务之说。随着族群、国家的产生与发展，人口在前现代战争中对于一个部族国家的战略意义，以及现代经济发展中对于一个国家消费市场和劳动力的根本意义，才使得生育被赋予了重要的社会内涵。长久以来，大多数国家都会对生育采取干预措施和政策，既有鼓励（甚至强制）的，也有限制的，或者在所谓人种科学指导下的对某些特殊人群进行节育手术等。这种生育义务意识在社会经

---

① ［美］霍菲尔德. 基本法律概念［M］. 张书友，编译. 北京：中国法制出版社，2009：64-65.

济发展、人们权利观念加强和生殖医疗技术进步下，逐渐转换为对生育权利的呼吁，在回归其自然本质的过程中确定为人权的重要组成部分。① 然而，从应有权利到实然权利还存在一个沟壑，该沟壑需要社会的权利观念，也即社会共识进行填补，决定社会共识的是另一套逻辑。

一、生育权证立中的社会共识

生育权的核心是生育自由理念，但后者意涵的确认，需要得到社会共识。然而，一方面，对于任何抽象的理念，社会对其若存在共识，必然是建立在对理念所驱动的可能实践的认同。另一方面，对于任何具体的实践而言，需要在个人自由与社会共识中达成协调，该协调过程实际上基于权利的功能。权利具有正当化实践选择的功能，是行动者在选择实践或对其选择的实践进行正当化的过程中，拟向他人传达的内容的集合。这里，权利与薇安·A. 施密特（Vivien A. Schmidt）所言的"话语"概念功能相当，但其作用不仅仅限于政策精英在制定政策或制度时的合法化情境，② 甚至与此相对，权利强调的是在社会或民众实践正当化情境中的作用。故，权利是可正当化自我选择之实践的理由，其目的在于使特定实践能够获得最广泛理解并认同。据此，"任何一个真实的权利都包含某种能够与他人或抽象的整体相抗衡的力量"，③ 其核心是个体在社会中的自主地位。概言之，自由的实现，不仅仰赖于个人的实践反思和理性，而且仰赖于他者的尊重和认可，贯穿其中的，则是权

---

① 对于生育权的历史发展已有很多的论述，皆大同小异，而且本书的论述重心也不在此。若对此有兴趣的读者可参见周平. 生育与法律：生育权制度解读及冲突配置［M］. 北京：人民出版社，2009：3-9；王琪. 关于生育权的理论思考［D］. 吉林：吉林大学，2012；等等。

② 参见薇安·A. 施密特. 话语在福利国家调整的政治中重要吗？［J］. 比较政治研究，2002，35（2）：168-193.

③ 葛洪义. 法律·权利·权利本位——新时期法学视角的转换及其意义［J］. 社会科学，1991（3）·29-33.

利话语。

权利话语的确立意味着社会民众对此持有最基本的共识。与此同时，权利话语一经确立，公民的实践即可借由该权利话语作为行动理由而获得一定的社会共识。在自身欲求与规范冲突的实践情境下，无论是通过法定程序去进行上诉，通过法院、议会或政府部门去争取权利或修改法律，行使法律上的公民权利，进行示威或游行等来表达自己的意见，还是以己身违抗法律，并付出惩罚代价，以唤起其他公民与舆论的关注和压力。上述的实践策略，都必须依赖于以权利为主张核心的一套话语表述，以之来争取个人的利益，否则它就只是单纯的违法行为。

由此可以看出，实践的自由选择产生个性化与社会化两个过程，而权利的正当性的基础就在于它是个体性和社会性的统一。那么，可以通过两种途径达成这种个体性和社会性的统一：

其一是历史。在此意义上，权利源于一种人类或某共同体的共同经验，特别是历史的经验教训。人类很难从日常中意识到宝贵的经验，而更善于从错误的历史实践中学到，为了避免重蹈过去的不正义，以权利为基础的体系以及某些基本权利（表达自由、宗教自由、法律平等保护、正当法律程序与参与民主）才呈现其重要性。由下而上，从不正义经验的反乌托邦观点出发，非由上而下，从完美正义的乌托邦理论入手，我们将权利建立在灾难错误以及人类独有的从错误中学习以免再次犯错的能力上，只有这般才构成该民族、共同体或人类社会最基本的共识与共同底线。艾伦·德肖维茨所称的"权利来自不义"，正是解释了这一点。① 由此可见，生育权利需要基于人类历史实践的反思而获得共识，即生育权利的历史确立。而且，应当清楚的是，它肯定不可能以全

---

① ［美］艾伦·德肖维茨. 你的权利从哪里来？ ［M］. 黄煜文，译. 北京：北京大学出版社，2014：8.

人类的经验来做特定国家或民族的共识基础，每个国家或民族对特定实践的理解，都是植根于自身的历史与文化中的。而且，来源于共同的不正义之历史实践、苦难经历，主要是起着排除性功能，我们无法从不正义的经验中直接得出权利的内容。

其二是程序。每个人一旦要开展实践，就意味着进入一个商讨情境，即在任何时刻需要向他人做出基于何种行动理由的断言，以及在任何时刻都有被追问"为什么"和提出理由的可能；并同样可在任何时刻询问任何一个人，向其追问"为什么"和要求其提供理由的说明。作为一种合意的积极的生育实践，使每个人更能意识到这种商讨情境的存在。这样一种情境使得人类最一般的生命形式的职能得到运用："每个人原则上都有能力提出问题，表达断言以及给出一个肯定不再有更好理由的理由，这是每个人都至少需要处理的最低限度的实践问题。"①然而，应当明确的是，程序本身无法产生内容，商讨规则如所有的程序那般，无法在有限的程序运行过程中，得出一个确切的结论。首先，商讨规则并不包括对程序出发点的设置，该出发点是参与者各自预先存有的对规范的看法以及利益解释。其次，商讨规则不可能规定全部的论证阶段。最后，一系列商讨规则只是被近似地满足。②但是，并不能由此认定，商讨规则毫无意义。商讨规则是言谈规则，遵守这些规则意味着在商讨中将其他人作为平等资格的商讨伙伴来对待，这点是十分重要的，如罗尔斯无知之幕背后人们所遵循的"互惠性原则"。如果所有的利益冲突，只是通过个体权力优势者或个体效用最大者之间的实践来解决的话，那就意味着这种解决状态是不稳定的，它随时有可能被资源的

---

① 罗伯特·阿列克西，张龑．论商讨理论中的实践理性概念［J］．法哲学与法社会学论丛，2006，9（1）：81-99，299.

② 罗伯特·阿列克西，张龑．论商讨理论中的实践理性概念［J］．法哲学与法社会学论丛，2006，9（1）：81-99，299.

增减、场域的变化或进入的第三方所打破。同时，处于被支配地位的实践者，无论在何种境地实际仍保有一定的自主性，以阻碍支配效力来呈现，但其所付出的代价往往是难以承受，甚至是自我毁灭的。"一孩化"计划生育实施过程中的诸多冲突，各种偏离计划生育制度的实践，已然说明这种仅仅依凭权力优势或效用的方式所带来的问题。权利之所以为权利，正是因为其不受权力是否优势或效用是否最大而决定，而是通过以论证平等和论证自由为特征的证立程序来决定。借此程序，是为了争取更多数实践者的认同或获得社会的共识。为此，它需要一个理性的公共讨论空间。只有在社会充分讨论的情况下，从中形成比较明确的一个或多个观点后，才有可能引入立法程序，通过更完备的商讨程序得出代表者们皆同意的结果，或者使众人达致共识，进而每个平等个体基于各自的自主承诺而有了遵守的义务，此乃立法的实质。但同时也应该明白，这是一种理想情境。

总体而言，生育权利之正当性证立，同样要基于一国历史实践的反思和商讨程序的论证。这里需要强调的是，哪怕在论证上完全可能的利益，也并非意味着同时在法律上也具有效力，它不仅需要成为人们实践所要符合的行动理由，也要成为制度规则所内含的合法理由。故，不论是通过一般的公共讨论空间，抑或特定的立法听证程序，一个国家仍需要有可能引入民众可以参与并广泛商谈的法律程序。否则，若只能等待制度所依赖的外部客观环境发生重大改变，致使制度不能再实现其目的而改变，那么，只会迫使人们谋求众人联合起来的社会权力，当足以对政治权力产生影响而促使制度变革时，对政治稳定而言并非好事。

二、生育制度中的生育权实践

在前述规范层面的讨论中，已指出生育权不仅仅是一种逻辑建构，它实际与国家的人口目标、社会的具体伦理与制度实践密切相关。而且，就制度层面而言，在减损生育自由的前提下进行生育限制，是相对比较容易实现的；但要进行生育激励，则无论是在减损抑或保障生育自由，都是很难取得直接效果的。因此，当前有一个更为现实的问题：在保证生育自由的基础上，生育制度如何发挥其生育激励功能？

栖身生育权的制度，必然为生育制度。若按费孝通先生的看法，生育制度是"人类种族绵延的人为保障"。前面已述，生育权更多地指向选择不生育的自由，而且就个体私利而言，生育是"损己利人"的，"彻底为自己利益打算的，就得设法避免生殖。"① 在自由主义、个体意识觉醒的现代社会，低生育率的现实已然证明了这一点。生育权的权能具体包括生育能力支配权、生育行为自决权、生育信息知情权和生育保障获得权，目的是保障主体能够在生育实践上自主采取一种理性的选择。然而，生育（生殖）行为和抚育行为虽然可以在概念上进行区别，但不能在实践层面中予以分割。实际上，如果将生育置于现实情境中，我们是无法不把"育儿"这一因素纳入而单一逻辑地谈生育权。即，我们不能仅就生育本身讨论生育权，生育权的"自由且负责"中的最基本责任，就是对即将诞生的生命的责任。正因为牵涉到育儿，家庭这一实践场域必须得考虑进来。

过往，我们简单地以生殖的两性与抚育的双系相关联论证，但在自然界中，两性生殖的生物往往是由母体单独担负子体的。而且，通过父爱的本能或夫妇间的感情来解释双系抚育的必然性论证，只需简单回顾现实就可发现这是十分薄弱的基础。因此，费孝通先生指出，恰恰是"因为要共同抚育儿女，两性间需要有能持久的感情关联。"② 这就意味

---

① 费孝通. 乡土中国 生育制度［M］. 北京：北京大学出版社，1998：109-111.
② 费孝通. 乡土中国 生育制度［M］. 北京：北京大学出版社，1998：120.

着，为了维系社会的新陈代谢，供给新的社会分子，人类不能完全靠自然的生物性的保障，需要加上生育制度这一人为的保障。换言之，生育制度必然有其导向性乃至强制性，通过提供特定的制度环境，确保新的社会分子能够形成以维系社会的新陈代谢。生育制度需要克服人类规避生育的自利性，将人类生育从自然行为建构成社会行为，并服务于种群、社会或国家的需要。是故，生育权与生育制度必然存在着一定的内在张力。

一直以来，生育制度是通过其所具有的两种功能来克服人类规避生育的自利性的。一种是对子女抚育和家庭的保障功能，即提供一个稳定的社会单位，该单位既能够担负起抚育出生的孩子、将其培养成新的社会分子的作用。并且，从社会整体意义来说，也能确保结合的人员能够基于该社会单位的作用而更愿意选择生育孩子。这里的社会单位，通常指的是"家庭"。然而，我们或许需要根据社会的变迁及复杂化对家庭内涵进行调整，也即是否具有血缘相近者，或者是否基于婚姻结合的男女等这些成为家庭成员资格的传统要件，已然失去其必要性。[①] 也就是说，我们如果从功能视角来把握家庭，即只是从为了保障后代能够在一个相对稳定的环境中成长的角度，家庭具体以何种主体关系呈现，是否需要有一个生物意义上或婚姻意义上的关联，可能并不是必要的。那么，生育制度的关键，实际是要维持和保证对新生儿长期的抚育作用，

[①] 近些年，一些学者基于辅助生殖技术或同性伴侣家庭的亲子关系问题重新反思生育和婚姻的关系，指出这种性别特权及法律中存在的不平等现象可追溯到更早的时代。我们婚姻制度的建立一开始是服务于生育的，但通过婚姻定义亲子关系时就将后者嵌入一个性别等级、异性恋秩序中，导致在这种背景下，不同性别夫妇中的非亲生母亲，以及同性夫妇中的非亲生父亲，都在努力争取父母的认可。因而需要不仅在生物学层面上而且在社会层面上承认父母，对平等的承诺要求重新调整家庭法。参见道格拉斯·纳吉姆. 父母身份的本质 [J]. 耶鲁法律评论，2017 (126)：2260-2381. 这在费孝通先生的《乡土中国 生育制度》中也提及要区别生物性的父母与社会性的父母，婚姻制度确认的是社会性的亲子关系，但更多是在非婚生的意义上谈的。参见费孝通. 乡土中国 生育制度 [M]. 北京：北京大学出版社，1998：127-129.

并防止发生破坏这种抚育关系稳定性的因素。而这种保障功能又能够反馈到个人的生育决策上，目的是为了人类种族绵延。就此而言，个人在生育问题上，主要是承担抚育孩子的责任，以及在为了个人生活的健全必须维持社会结构的完整这一意义上，有限地遵循生育制度的责任。生育权与生育制度息息相关，或者更准确地说，生育制度所建构下的家庭（乃至社会）抚育关系，将直接影响生育权的实践样态。

另一种是转换生育合意成本的功能，即通过社会结构和生育文化，将生育合意成本或置于个人，或转嫁给社会。应当注意到的是，生育权与生育制度所涉及的对象或阶段并不是完全一致的。生育权指向的是"生育能力—生殖"，生育制度则涵盖"生育能力—生殖—抚育"整个过程。如果要保障公民的生育自由，生育制度在"生育能力—生殖"环节就不能做强制性的规定，而只能做导向性与保障性的规定。对于"生育能力—生殖"环节，持有生育权的个体在根本上而言，其所拥有的主要是选择不生育的自由，即任何人不能强迫其生育，以及女性怀孕后自主决定是否选择继续生育的自由（严格意义上也是不生育的自由）。每个人都不可能以他人不生育而主张对方侵犯自身的生育权。生育权不是选择生育的自由，生育是合意的结果，只有在合意的基础上才可能有完整权能的生育权。就此而言，生育制度有了另一种功能——将这种个人间的合意成本转嫁到整个社会，以此来调整与维系社会的新陈代谢。另外，前述生育制度所具有的保障功能，之所以能够反馈到个人的生育决策上，是因为该功能能够减少达成生育合意的成本。但现代"个人"从社会有机体中脱离，个体自主性成为正当性基础，使得传统生育制度塑造下的社会结构和生育文化，无法再为个体间的生育合意转嫁沟通成本，致使达成合意的沟通成本重新回到个人。简单地说，结婚组建家庭即意味着生育，已然不再是所谓"天经地义"的等式了。积极的生育实践依赖于家庭成员围绕着生育问题所进行的沟通、采取的分工与达成的承诺。新的生育制度必须植根于这种社会结构和生育文化的新变化中重构自身，正视生育权的存在，也即尊重每个人的自主理性，在此基础上重新提供可使个人超越个人自利而选择生育的理由，重新将个人达成生育合意的成本缩减或消弭。而且需要注意的是，生育制度并非一个孤立的制度，它和一国宪法、婚姻家庭制度、社会保障制度等法规政策，以及一国签署的国际公约都具有密切的联系，它是围绕着"生殖—抚育"而形成的一系列制度。例如，在中国当下低生育率的现实背景下，为了推动实现适度生育水平、优化人口结构和促进人口长期均衡发展，应当以全面构建生育友好型社会为目标，加强母婴保健和婴幼儿照护服务；建立普惠托育体系，建立国家（社会）与家庭的伙伴关系，促进家庭稳定发展；采取税收优惠、育儿假、劳务派遣、妇女再就业保障、生育津贴（保险）等措施缩减男女在就业、职场上的差距，平衡与保障相关各方的合法利益。这将在后文进一步展开说明。

第三节　生育权框架下的激励机制

生育激励机制必须在生育权（应然权利）与生育制度之间寻求到平衡点，在当前中国计划生育制度转向的背景下，能否在有效保障生育权的前提下实现人口长期均衡发展，不是一部《人口与计划生育法》修改即可解决的事，它取决于多个法律部门法律法规的协调完善。前面已述，所谓生育自由理念下的生育激励机制，实质上是创造某种较强的事实理由，促使人们做出生育实践的抉择。换言之，在生育自由理念下构造生育激励机制，实际也即寻求和创造能够正向影响主体做出生育实践抉择的事实性因素。就目前研究而言，影响生育实践的主要有文化因素、制度因素和社会因素三类。其中，①文化因素的影响是计划生育政策及其实施效果呈现差异化的强有力解释因素，如李银河（2009）在《生育与村落文化》一书中，就特地构建"村落文化"，通过"人多"成势、"竞争"规则和"趋同"规则影响生育行为。[①] 安斯利·科尔（1992）早就发现"不同国家和地区的省区在人口转变经历上的差异，这种差异不能用所记载的社会经济特征来解释"，且在具有共同文化的东亚国家中，生育率与文化有某种内在的相关性。[②] 文化因素的影响机制，实际也即前面所论及的信念理由对生育实践的作用方式，它与生育自由理念的关系已经阐明。②制度因素，社会学家费孝通在其《乡土中国 生育制度》一书中以功能主义的视角探讨了生育制度，但应注意的是，在他生育制度的概念里，不仅包含着生育文化（作为维护社会结构稳定的补丁影响生育行为），还根源于经济因素——"建筑在一套物质基础之上"。[③] 通过制度对生育实践施予影响，是既有研究均可证明的一个可努力的方向，但得明确，由于"制度"一词所指涉对象的多样性，应当区分直接性和间接性生育制度、外在和内在生育制度，以及实施状况对生育行为的影响。[④] ③社会经济因素中，中国学者主要以礼宾斯坦、贝克尔提出的"孩子成本效用理论"作为分析基础。贝克尔从经济学的一个基本规律——任何一种商品的需求数量与该商品的价值呈负相关关系——出发，试图阐明"在分析对孩子的需求时，耐用

---

① 李银河. 生育与村落文化 [M]. 呼和浩特：内蒙古大学出版社，2009：57，69.
② 安斯利·科尔. 人口转变理论再思考 [C] //顾宝昌，编. 社会人口学的视野. 北京：商务印书馆，1992：133.
③ 费孝通. 乡土中国 生育制度 [M]. 北京：北京大学出版社，1998：99.
④ 王跃生. 制度与中国当代生育行为关系分析 [J]. 中国高校社会科学，2016（2）：50-67，155；刘骥，德新健. 计划生育政策执行探析：兼论计生改革的难点与方向 [J]. 中国行政管理，2015（6）：107-112；等等.

消费品的需求理论是一个很有用的结构"①。有学者指出，国家可通过财税手段激励和保障生育政策的落实，利用好本土资源以发挥财税法的激励功能，在财政领域需要完善补贴程序、标准、形式和支出责任的制度供给。② 制度因素与社会经济因素，对生育实践抉择的影响则多是以事实理由的方式发挥作用，因而是生育自由理念下的生育激励机制所要考究的重点。而且，要考虑到上述三种因素对不同社会结构中的群体的影响力是不同的，尤其在试图制定以不同因素为激励核心的社会政策上。

一、历史上的生育激励政策实施的例子

历史上，多数采取生育激励（甚至是强制）措施和政策的国家，大多以失败告终。这在根本上是由于生育自由的这两项特质——基于生育合意的积极自由与涉及新生命持存的行为后果（不仅仅是生殖，还包括子女抚育）所导致的。激励生育相较于限制生育困难得多，激励生育是要促成社会个体的合作以及面临新生命的诞生与成长，而限制生育只需要针对原子化的个人以及其生育能力。对此，我们先来看看现代以来的两个例子：其一来自德国纳粹时期，其二来自新中国成立初期。

（一）德国纳粹时期的生育激励政策

1933 年，希特勒及其纳粹党掌控了德国政权，但同时面临着国内人口出生率持续下降的严峻问题，当时德国的出生率为 1.44%，相比于

---

① ［美］加里·S. 贝克尔. 人类行为的经济分析 [M]. 王业宇，陈琪，译. 上海：上海三联书店，上海人民出版社，1995：214；侯伟丽. 生育行为的制度经济学分析及其管理 [J]. 人口与经济，2001（2）：27-30；等等.
② 陈雷. 论财税法的激励功能在全面放开二孩政策中的运用 [J]. 税务与经济，2017（6）：69-77.

"一战"前期 1906—1910 时期的 3.16%，降了近 2 个百分点，[①] 这与当时整个欧洲背景与德国国情相关。欧洲国家的现代化与城市化进程加快，城市人口迅速增加、生活及生产方式的改变客观上抑制了人们的生育意愿，选择生更少的小孩是优势选项。原因在于其可以解放女性劳动力、减少生活开支、缓解住房压力、提高生活质量、投入更多资源用于孩子培养以提高其未来社会的竞争力；同时，作为"一战"战败国的德国，大批男性战死前线，1925 年女性人口比男性人口多出 225 万，其中有 280 万寡妇，103 万成年未婚人口中女性占 75%。[②] 大量的战争寡妇和失去父亲的少女们不得不外出工作，随着 20 年代末国家经济的萧条与社会动荡的加剧，社会控制生育的现象更为普遍，1933 年，在柏林所有已婚夫妇中，35% 以上的夫妇没有孩子，而全国平均值也近20%。[③] 而且，自 20 世纪初出现的节育运动，也逐步获得了一些成果，1933 年时多数德国民众都接受避孕的做法，魏玛政府对堕胎的控制和惩治也相较于第二帝国时期的德国政府更为宽容，[④] 魏玛宪法在原则上承认男女平等及赋予其选举权，使得女性可以活跃在政治舞台上、职场上，成为与传统相区分的"新女性"。低人口生育率妨碍了希特勒建立的由雅利安人统治、强大兴盛的"民族共同体"梦想，纳粹政府需要通过家庭获得有种族价值的雅利安孩子，不断充实雅利安种族的人口数量和改善雅利安种族的人口质量。为此，纳粹政府确立纳粹家庭观，实施"结婚贷款计划"与希姆莱的"生命之源"计划，为鼓励生育实施

---

① 亨利·P. 戴维，乔晨·莱施哈克尔，夏洛特·霍恩. 纳粹德国的堕胎与优生学 [J]. 人口与发展观察，1988，14（1）：81–112.

② 蒂姆·梅森. 德国女人，1925–1940：家庭、福利和工作（第一部分）[J]. 历史研讨会，1976（1）：74–113.

③ ibid.

④ 亨利·P. 戴维，乔晨·莱施哈克尔，夏洛特·霍恩. 纳粹德国的堕胎与优生学 [J]. 人口与发展观察，1988，14（1）·81–112.

了系列奖惩措施，提高母亲的地位，设定母亲节与颁发"母亲十字勋章"，抵制、整顿节育和堕胎行为，建立"母亲建议中心"和纳粹幼儿园，出台并实施"一次性儿童津贴"和"固定性儿童津贴"等。纳粹政府的上述鼓励生育措施中的大多数，在低生育率国家的相关应对少子化对策中，虽然并不鲜见，但应当注意到的是，纳粹政府追求的不仅仅是多子女的家庭，而是多子女且有价值的家庭，其中，有价值指的是有着纯粹的雅利安血统的健康小孩，因而婚姻和生育对于个人而言，不只是甚至不是一种个人的自由和幸福，而是个人向民族共同体履行责任和义务的一种方式，这就给了鼓励生育的措施带来了很强的义务性与功利性，必须符合严格的"种族"标准。随后的事实证明，其中的部分措施虽然前期带来一定的效果（如结婚潮），但最终并没有取得良好的成效，反而随着其强制性增强而很快地滑向反面。

"是德国人——就要建立多子女家庭"，① 如此直白的标语表达了纳粹对家庭的主要看法，其借助广播、文章、歌曲和学校教育等形式进行宣传，并设立德意志大家庭联盟吸纳德国社会中符合纳粹种族标准的大家庭，作为示范而要求人们效仿，确保德国民众对大家庭产生认同感。② 婚姻被定义为："建立在相互信任、爱和尊重基础上的一对遗传健康、种族相同的男女，通过和谐的工作保存和促进共同的美德，孕育符合种族要求且健康的孩子，并把孩子培养成健壮的民族共同体同胞的一种长期关系。"③ 纳粹政府实施的婚姻政策中，"结婚贷款计划"带来了短暂的结婚潮，但无法持续，其原因在于一是严格的种族标准下国家对国民择偶的干涉，二是"二战"爆发后结婚人数自然减少，三是纳

---

① 丽萨·派恩. 纳粹的家庭政策，1933-1945［M］. 纽约：博格出版社，1997：98.
② 丽萨·派恩. 纳粹的家庭政策，1933-1945［M］. 纽约：博格出版社，1997：91-92.
③ 米歇尔·穆顿. 从培育民族到净化人民：魏玛与纳粹家庭政策，1918-1945［M］. 华盛顿特区：剑桥大学出版社，2007，48.

粹相矛盾的以"无价值"为标准的任意离婚政策。婚姻只是第一步，在纳粹政府看来，更重要的是通过健康的婚姻获得更多的孩子，扭转德国人口出生率不断下降的趋势，实现雅利安民族的伟大复兴，这也就导致甚至不需要婚姻的生育形式，即纳粹政府确保每一个具有种族价值的未婚妈妈顺利产下孩子，然后将其夺走交由纳粹政府抚养，或送到纳粹党徒家庭中抚养，也即希姆莱的"生命之源计划"。① 更多的纳粹政府实施的生育政策中，积极方面如"结婚贷款计划"规定，获得贷款的夫妇每生育一个孩子就可以减免 1/4 贷款；② 如通过母亲节及"母亲十字勋章"提高母亲的地位，嘉奖生育了多子女的母亲和树立"有价值的母亲"形象，"二战"爆发后为了加大鼓励妇女生育的力度，政府更是降低了母亲十字勋章的申请标准；③ 如设立母亲与儿童福利制度及设施，1932 年 2 月纳粹福利部门成了专门负责母亲和儿童福利工作的"母亲和儿童救济处"，该处设立"母亲建议中心"为母亲提供咨询服务和解释产妇福利法的内容，负责全国幼儿园的建立和管理工作，为母亲安排疗养计划，为大家庭提供家政服务信息等。④ 另外，也有消极的处理方式：若婚后五年仍没有生育的夫妇则需要被征收高额税，比有子女的夫妇税率高 40%；⑤ 此外对魏玛时期的节育运动进行清理、抵制堕胎行为，纳粹上台后撤销赫希菲尔德性学研究所，关闭性与婚姻资讯中心，把相关研究论文、书籍和资料销毁，不允许任何机构和个人向德国

---

① 王宏德. 纳粹"生命之源"计划始末 [J]. 世界知识, 2007 (20): 58-59.
② Tim Mason. Women in Germany, 1925-1940: Family, Welfare and Work (Part I) [J]. History Workshop, 1976 (1): 74-113.
③ 蒂姆·梅森. 德国女人, 1925-1940: 家庭、福利和工作 (第一部分) [J]. 历史研讨会, 1976 (1): 74-113; 斯蒂布·马修. 第三帝国的妇女 [M]. 纽约: 牛津大学出版社, 2003: 155.
④ Michelle Mouton. From Nurturing the Nation to Purifying the Yolk: Weimar and Nazi Family Policy, 1918-1945 [M]. Washington, D. C.: Cambridge University Press, 2007: 173-193.
⑤ 蒂姆·梅森. 德国女人, 1925-1940: 家庭、福利和工作 (第一部分) [J]. 历史研讨会, 1976 (1): 74-113.

民众提供和传播相关节育和避孕知识及信息；着手修改《堕胎法》，1933 年将民法相关内容合并到刑法中重新定义堕胎为犯罪，1941 年政府规定禁止制造、运输、销售避孕工具与禁止一切医学避孕方法，1943 年规定反复为他人提供堕胎服务者将被判处死刑等。① 不可否认的是，纳粹的生育政策带来了 20 世纪 30 年代的"婴儿潮"，1933—1939 年德国从新生人口数为 20 世纪以来最少的 97 万，增长至 140 万人，但始终未能达到 20 世纪初的 200 万左右，"二战"之后相关生育激励政策自然也就破产了。在这过程中，社会中高层或精英阶层与底层民众呈现出巨大差异，精英阶层的生育观念仍然没有因此转变，多生育家庭的地位虽然提高并获得一定的奖励，但不足以支持家庭过上富足的生活，人们更愿意将嘉奖看作是种救济。根本上而言，生育激励与生育抑制是不同的，即便国家有充足的财政能够完全接管孩子们的养育，孩子始终不是宠物、工具或机器。而且，即便纳粹政府严厉地禁止节育、避孕，仍然有大量的非法堕胎行为的发生，这也与一直以来纳粹的政策无法在地方有效地实施有关，地方有着各种或大或小的操作空间，这既涉及纳粹整合能力的强弱，也是制度实践的逻辑决定的。

（二）新中国成立初期的生育激励政策

中国政府早期的鼓励生育政策肇始于中共取得政权以前的战争年代、在其统治的陕甘宁边区实施的婚姻与人口政策。人口稀少、经济落后的陕甘宁边区，为了取得战争的胜利和抵御国民党政府的经济封锁，需要充足的人力资源以促进政治、经济和军事实力的提升。因此，中共在这一地区实施了鼓励生育以促进人口数量的增长、注重提高人口质量

---

① 亨利·P. 戴维，乔晨·莱施哈克尔，夏洛特·霍恩. 纳粹德国的堕胎与优生学 [J]. 人口与发展观察，1988，14（1）：81-112.

的政策，如改善人民群众的生活水平和生活方式，提高出生率、降低死亡率，加速人口的自然增长；反对堕胎，保护产妇和婴儿，从而发展人口等。① 对于中共而言，人口数量的增长和质量的提升意味着生产力与战斗力的提高，这是与国民党政府进行政治和军事斗争最根本的资源保障，故保证优生、鼓励生育和严禁堕胎成为其生育政策的重要内容。1949 年中共取得政权以后，摆在面前的是战后重建和恢复经济的问题。战争导致的人口锐减，使得陕甘宁边区人口政策被奉为宝贵的革命经验为中国政府所延续和发展。在 1950—1953 年间，中国政府制定了一系列限制节育、鼓励生育的政策措施。

首先，对绝育手术和人工流产采取严格限制的方针。1950 年 4 月 20 日，中央人民政府卫生部、中国人民革命军事委员会卫生部发布《机关部队干部妇女打胎限制的办法》，规定了为保障母体安全和下一代的生命，禁止非法堕胎，并规定了可施行堕胎的 6 种情形。并且堕胎前必须经本人丈夫同意并签字。堕胎者，或经公立医院妇产科医生证明，申请批准，或经机关首长批准。凡未经批准而堕胎者，对其本人及执行堕胎者分别予以处分。② 1951 年 12 月 31 日，《限制节育及人工流产暂行办法》及《婚前健康检查试行办法》两部法规颁布，规定了严格的施行绝育手术的条件和施行人工流产手术的条件，并对相关违反者以非法堕胎论罪。③ 此外，节育药具也受到了严格的管理，如《限制节育及人工流产暂行办法》规定：药房出售节育药具，须向当地卫生主管机关呈报批准等。1953 年 1 月 12 日，卫生部通知海关"查避孕药和用具与国家政策不符，应禁止进口"，14 日，卫生部批复华东军政委员

---

① 牛昉，康喜平．陕甘宁边区人口概述［J］．延安大学学报（社会科学版），1992（3）：36-40．
② 杨魁孚，梁济民，张凡．中国人口与计划生育大事要览［M］．北京：中国人口出版社，2001：2．
③ 彭珮云，编．中国计划生育全书［M］．北京：中国人口出版社，1997：59．

会卫生部并抄送全国卫生机关及中国医药公司，重申对节育用具的制造销售应予登记，严加管理。① 其次，对多子女户在生活保障和就业安排方面采取补助和优惠措施。在农村地区的土地改革运动中，土地分配的基本准则是在考虑"政治成分"② 后，再按人口进行分配，同时对人口多且特别是因子女多造成的家庭生活困难户给予补助和救济。由于实施计划经济，城市中的就业问题由国家统一包办，企业和用人单位按照国家计划统一分配工作岗位，依人头而定、人人有份；在工资薪酬方面，也按照国家所定岗位级别实行平均主义的分配原则；住房亦由国家按照家庭人口的数量统一分配；另外，国家还对生孩子的夫妇发给一定数量的津贴或生活物资，对双胞胎及一胎多婴给予奖励，对多子女的职工实行经常性的困难补助，等等。③ 在战争结束以后物质较为贫乏的经济恢复时期，这类政策较好地发挥了鼓励生育的作用。

二、生育激励机制的效果与界限分析

新中国成立初期"人多事好"的政府生育观念④，与中国传统的"多子多福"的生育文化目标高度契合，并形成相互影响与依存的关系。此乃德国纳粹时期所无法实现的，因为德国社会民众的生育观念在20世纪初已经在国家工业化与城市化后发生了转变，"个体价值—个人权利"观念在其中已经起了主导作用。在缺乏这个关键性前提下，德

---

① 彭珮云，编. 中国计划生育全书［M］. 北京：中国人口出版社，1997：60.

② 新中国成立后以生产资料占有程度和生活资料来源作为标准划分出的地主、富农、中农、贫农和雇农五个阶级群体，不同阶级间的分配原则是"中间不动两头平"。详见何东，清庆瑞，黄文真. 中国共产党土地改革史［M］. 北京：中国国际广播出版社，1993：344-345；苏俊才. 邓子恢"中间不动两斗平"土地分配原则述评［J］. 史学研究与教学，2002（6）：31-37.

③ 孙沐寒，编. 中国计划生育史稿［M］. 长春：北方妇女儿童出版社，1987：59；陈明显. 中华人民共和国政治制度史［M］. 天津：南开大学出版社，1998：396.

④ 毛泽东. 唯心史观的破产（1949年9月16日）［M］//毛泽东选集（第4卷）. 北京：人民出版社，1991：1511-1512.

国纳粹时期采取的诸多生育激励措施，实际上只是作为民众生育实践抉择的事实理由、实施性理由中的辅助性理由，因而效果并不显著，有着不确定性，它们不可能成为民众实践抉择的实施性理由，乃至排他性理由。

新中国成立后的人们仍然接受着中国传统生育文化的影响，其生育观是在"有后"的基础上追求"人丁兴旺"的理想目标。一方面，出自《孟子·离娄上》的"不孝有三，无后为大"。① "有后"在于祭祀祖先。生育男孩承载着的是宗族香火之延续，其"能给予父母很大的精神收益，这种精神收益构成了比物质损失以及物质收益更为深刻的思想根源"②。而若在保证"有后"的前提下，如果能够多生多育，则更是"光宗耀祖"的事情。因此，在中国传统的生育文化下，个体的价值是缺失的，其同样不存在所谓的自由生育理念，人是依附于家族这一概念之下的，为家族之存续而存在着的存在。另一方面，在过去的小农经济里主要依赖的是体力劳动，子女只要成年即可成为劳动力，为家庭做贡献，因此被父母视为未来的财富；而且在不存在养老保险的古代社会中，子女更是养老的根本途径，正如人们常说的："养儿防老，积谷防饥"。这就可以说明，新中国成立初期鼓励生育政策的施行，并不存在太大的障碍，甚至可以说，该政策的施行能够获得巨大成效，正是依凭着传统生育观念在人们行为中的主导作用。无论是中国政府早期的生育观念，还是中国的传统生育文化，最终追求的都是多生多育的结果；并且，两者的内核都是生育工具理念，前者为国家主义的生育工具主义，后者为宗族主义的生育工具主义，都缺乏个体的生育自由的理念。

还应当看到，新中国成立初期制度因素与社会经济因素的作用，仅

---

① 赵岐注释曰："不娶无子，绝先祖祀，三不孝也。"［东汉］赵岐，《十三经注》。
② 李涌平. 论传统的生育文化 [J]. 中国文化研究, 1996 (2)：21-27.

仅基于上述两种观念的契合，还不可能导致这么显著的效果。对于现实生活中的个体来说，具体的生育行为实际并不完全取决于追求"多子多福"传统生育观念，而需考虑种种客观因素的制约。申言之，整个社会生育文化虽是传统生育文化主导，但个体仍存在一定的理性生育观念。例如，每个家庭的经济条件与抚养子女的能力、家产在多子女之间的协调分配以及对是否能够发挥"养儿防老"功能的担忧等，这些审慎因素既反映在如"儿女多了是冤家""好儿不用多，一个顶十个"这样的民间俚语中，也体现在并非罕见的民众节育需求和现象中。然而，新中国成立初期的鼓励生育和限制绝育、流产的政策，不仅从客观上刺激了社会整体基于传统生育观念所固有的生育愿望，而且抑制了个体理性抉择下的节育要求。政府采取的各项生活保障措施，不仅使得原本作用于个体生育行为之上的经济制约条件变得式微，还给予了多生育家庭直接的利益激励（如按照人口分配土地、住房；保障每个人都有工作；对多子女家庭给予经济补助等）。而且，需要清楚的是，这也只是新中国成立初期的国家经济状况与结构，一旦迈入现代工业社会、农村城镇化加速阶段，自给自足经济基础丧失，国家相关生育激励的优惠政策及财政就难以为继。这从后来中央不得不提出计划生育、城里经济捉襟见肘、相关资源分配紧张、不再对托幼单位予以支持等问题，即可得知。就此意义上来说，这一阶段人们多生育的实践（第一波生育潮）是政府的生育鼓励观念和社会传统生育文化共同催生的结果，与经济结构相适应的多生育挂钩的政策措施则是当中重要的催化剂。

最后，应当强调的是，中国当下社会生育观念实际上已经无法重回新中国成立初期，尤其在改革开放与计划生育政策实施以来的四十余年里，社会民众的生育观念已然在市场经济、国家工业化与城市化的进程中发生了转变，"个体价值—个人权利"观念已然觉醒，并呈现出代际的差异。换言之，当下文化因素上，我国已然无法实现政府的生育鼓励观念和社会传统生育文化相互作用的结果，因而也就无法再通过采取涉及制度和社会经济因素的生育激励措施，重新取得新中国成立初期那么显著的效果。这将在下一章具体论述。而且，必须明确的是，严格限制绝育、流产的生育激励政策也是无法奏效的，其不仅违背生育自由理念，而且历史事实证明，不论是纳粹德国时期抑或是新中国成立初期，人们总是能够凭借自身的能力与资源，影响相应制度的实施，进行非法绝育与流产。这种对制度实施的违背或对抗，在精英阶层与一般民众中皆有不同的对策予以实现，并很快瓦解制度所承载的国家权威。总的来说，国家要鼓励人们生育，应当在保障生育自由的基础上，根据社会生育文化、民众生育观念、国家经济结构与社会经济状况采取适当的干预手段，该干预手段应当能够处理相关主体间的权利义务责任关系，并主要以生育保障制度为载体展开。这也就意味着，生育保障制度在本质上就是在回答这一问题中构建起来的。

第三章　生育政策与社会生育观念
关系复杂化的现实

　　主体权利的行使，观念是原动力。生育实践的抉择，信念、欲望等主观要素亦是实施性理由的核心，前面已述，生育激励措施应当作为确定实施性理由的辅助性理由，因而生育激励机制不得不关注生育观念，只有在明确生育观念的前提下，才能更好地确定生育激励措施，以及更有效地评估生育激励措施的效果。当前生育激励机制，其设计大多遵循社会福利逻辑，即试图通过如完善生育保险、延长婚育假等福利保障以提升人们生育意愿，其前提在于默认大家是基于客观物质条件而不选择生育的，也即人们都是愿意生育的，只是有经济或时间上的考虑。这在生育权利保障上，自然是值得完善的方向，但却未能兼顾诸如企业等相关主体的利益，也忽略了当前社会生育观念已进入一个多元竞争的时代，因而对相关举措的定位及效果存在误判。伴随着常年的严格生育限制，以及更为重要的是在当前经济巨大发展的背景下男女教育、就业的普及，传统生育文化逐渐式微并呈现区域化的特征，整个社会的生育观念已然呈现出多元化趋势。主要包括①人们"重生育""多生多育"的传统生育观念在代际中逐渐式微；②现代男女平等观念已成社会主流话语，"重生子"文化式微且区域化；③在长期被限制生育数量（如一孩）的情况下，

"奢侈品化"抚育观念在大城市中尤为明显；④经过政府多年的宣传教育，优生优育观念成为社会更普遍的观念；⑤生育自由观念，仍是个体作为对抗外部生育限制的重要话语工具。本章将对新中国成立以来社会生育文化的变迁进行分析，再结合当下生育保障制度从当前社会生育观念调研的实际状况出发，说明目前生育激励机制存在的问题。我们应该意识到生育相关的多元化观念博弈的情境，并引导确立适当的社会生育观念，而生育自由观念的包容性能够承担生育激励的任务。

第一节　新中国成立以来社会生育文化的变迁分析

"全面两孩"政策的遇冷，让人们真正意识到目前中国民众总体生育意愿低迷，社会生育文化已悄然发生了改变。实际上，无论是改革开放还是计划生育政策，都深刻影响着社会中的传统生育文化，并不可避免地引起彼此间的磨合与冲突。然而，学界主要关注的是生育文化在影响人们生育行为中与政治或经济因素相独立的一面。① 此类叙述中的社

---

① 国外典型论述，如安斯利·科尔发现"不同国家和地区的省区在人口转变经历上的差异，这种差异不能用所记载的社会经济特征来解释"；国内学者李银河，在《生育与村落文化》一书中就特地构建"村落文化"来对中国农民的生育行为做出新解释。其村落文化是指"村落中的一整套行为规范及价值观念"，通过"人多"成势、"竞争"规则和"趋同"规则影响生育行为等。参见安斯利·科尔. 人口转变理论再思考［C］//顾宝昌，编. 社会人口学的视野. 北京：商务印书馆，1992：133；李银河. 生育与村落文化［M］. 呼和浩特：内蒙古大学出版社，2009：57，69. 此外，另如朱国宏系统地从中国传统生育文化以来的转变解释不同时期和文化地区生育率差异，见［1］朱国宏. 传统生育文化与中国人口控制［J］. 人口研究，1992（1）：25-31；赵文琛从新中国成立初期的制度变革、传统生育观念的滞后性和代际传承性、计划生育三方面分析了我国传统生育文化的转变，见赵文琛. 论生育文化［J］. 人口研究，2001，25（6）：70-74；原新等认为计划生育政策与出生性别比偏高并非直接的因果关系，而是男孩偏好的传统文化，见［1］原新，石海龙. 中国出生性别比偏高与计划生育政策［J］. 人口研究，2005（3）：11-17，96；Zongli Tang 分析儒家传统与生育行为的关系，见唐宗礼. 儒家思想、中国文化与生育行为［J］. 人口与环境，1995，16（3）：269-284.

会生育文化，与计划生育及改革开放间的内在关联则被掩埋了，突出的是其抵抗后两者作用的力量。因此，要深刻把握社会生育文化，揭示其变迁逻辑，需要将社会生育文化、改革开放和计划生育三者同时置于一个关系框架下讨论，指出社会生育文化的变化来自两方面的结果：一方面，计划生育政策通过国家强制力外在地影响公民的生育行为，从而抑制传统生育文化的内在影响，为其他生育文化的产生及发展创造条件；另一方面，改革开放政策则摧毁了传统"血缘—地缘"关系，把每个人从固有的"身份"权力关系中解放出来，继而使得人们的价值观念不得不进行重塑。这一过程的核心，就是人们在这改革开放的浪潮中，逐渐在梅因式"进步社会"的意义上，从"身份"转变为"契约"关系。① 以下将迄今为止的改革开放四十余年分为前、后二十年两个阶段，围绕着改革开放、计划生育政策和个体与家庭及国家的权力关系，说明三者间的内在变化对生育文化产生的影响。

一、改革开放以来前二十年的社会生育文化

农村与城市的改革开放，基于它们各自本身经济结构的差异性，计划生育政策的实施及其对社会生育文化的影响是不同的。总体而言，农村家庭联产承包责任制带来的结果是个人回归家庭，而城市经济体制市场化改革的结果则是个人脱离单位。

第一，家庭联产承包制中，村集体在村民生活中退位，家庭（及家族）共同体的地位再次显现，权力加强，宗族祠堂文化开始复苏，与之相应的生育传统文化也自然得到发展。传统生育文化及相关习俗，实际上是一种"身份契约"，马克斯·韦伯把"身份契约"视为"原生

---

① ［英］梅因. 古代法［M］. 沈景一，译. 北京：商务印书馆，1959：112.

的契约"，是创造出"政治的及其他与人有关的——永续的或一时性的——诸团体或者家族的诸关系"的契约，其会"改变人们的法之全资格，也会改变他们的总体的地位和社会的行动样式（Habitus）"，目的是维系该团体或家族的永续性关系。永续性关系的维持意味着传统、文化、习俗、伦理、道德这些社会结构更深层次的东西较之情势性的法律规定更为重要。就可直观而言，这种联合结构以乡村内部必然存在的可视性村庙、宗族祠堂等仪式性建筑（场所）为中心，关联起每户家里头所供奉的神龛，借由各种仪式、习俗等形式载体，完成社会权力聚合和个体的精神自律。① 这正如福柯所揭示的纪念性建筑的可视性与仪典场所（公共场所）具有的权力作用一般。② 就这种联合结构而言，一方面能有效抵制国家权力的渗透，与国家权力形成制衡但互补的稳定状态；另一方面赋予了个体间强大的相互作用力，也即缺乏完整的个体自主实践的空间而使得人人均处于无意识的互相监督状态，对于个体来说，这种社会权力所带来的压力才是其遵循规范、约束行为的重要因素。总的来说，家庭联产承包责任制使得国家权力不再如过往人民公社制度那般，能够完全深入渗透、改变并动员社会空间秩序，个人重新回归带有浓厚传统生育文化的家庭（家族）怀抱。

由此可见，家庭联产承包责任制实际上在一定程度上强化了农村的传统生育文化，而最初严格统一的"一孩"政策又与以"有后"为核心的传统生育文化形成了剧烈冲突。对于国家而言，原本能够直接通过工分管理、资源分配而维持对个人的强力支配，人民公社制度瓦解、家

---

① 马克斯·韦伯认为中国古代乡村"庙宇（同村庙/祖宗祠堂）"拥有小官司诉讼的裁判权，并且往往独揽了各式各样的诉讼。只有牵涉到国家利益时，政府才会干涉。人民信赖的是庙宇的裁判，而不是国家官方的裁判。参见［德］马克斯·韦伯. 中国的宗教：儒教与道教［M］. 康乐，简惠美，译. 桂林：广西师范大学出版社，2010：142.
② ［法］米歇尔·福柯，保罗·雷比诺. 空间、知识、权力——福柯访谈录［M］//包亚明，编. 后现代性与地理学的政治. 上海：上海世纪出版集团，上海教育出版社，2001：1-17.

庭联产承包责任制推广后，由于失去了对公民生产、生活资源的直接掌控，就只能依赖国家政治权威的合法性、官员自身所拥有的社会资源以及官员所能调动的国家资源所再形成的支配关系来实施计划生育政策。但这在面对非个体的群体性实践对抗时，基层官员所能运用的执法资源就显得十分有限，而且每个家庭相对独立，计生官员对每个人的信息掌握已大大弱化，人们偏离规范的实践可能性也就相对提高。更重要的是，计生官员并非脱离于农村社会结构之中的，他依然深嵌在其中，处在农村紧密的社会关系之中，这就决定了共享同套意义框架的他们，不可能也无法严格实施"一孩化"的计划生育政策。时任国家计划生育委员会副主任周伯萍于 1985 年 5 月 19 日的八省、市计划生育工作汇报会上的讲话所言，"现时在计划生育工作上的矛盾，主要是一胎与二胎的矛盾，其中最尖锐的是与独女户的矛盾。独男户多数也希望再生一个，但工作做到家可以说服。而要说服独女户不再生育，绝大部分地方是做不到的。"[1] 1988 年 5 月 12 日，全国计划生育委员会主任会议要求，各个省区都应该根据中共中央政治局常委会第 18 次会议的农村"独女户二胎"和"生育间隔"为核心的先行计划生育政策重新制定《计划生育条例》。[2] 大多数农村地区真正开始实行"一孩半政策"，即第一孩为男孩的不得再生，而第一孩为女孩的农户在间隔 4—5 年后允许生育第二孩的弹性计划生育政策。可见，"一孩半"政策是政府不得不向农村群众所做出的妥协，而其背后折射出的传统生育文化强盛、农村计生工作难以开展等现象，又与家庭联产承包责任制的实施密切关联。

第二，与农村不同，改革开放前城市生育文化木仅保留"有后"

① 彭珮云，编. 中国计划生育全书 [M]. 北京：中国人口出版社，1997：708.
② 彭珮云，编. 中国计划生育全书 [M]. 北京：中国人口出版社，1997：475，344-355.

的内核，而市场经济的发展使得"后"与"男丁"的等值关系也开始发生松动。第一，改革开放后，人们从国家的单位体制中解脱出来投向市场，重塑了人与人之间的关系。市场竞争下，自我的知识、技术及能力等元资源变得更为重要，生活资源获取渠道的改变，使得个人得以保持相对独立性；而市场交易中，每个人觉察到作为不依靠他人独立自主的个人之可能。第二，传统生育观念所导向的现实利益的弱化及转变，使得生育数量失去作为选择生育实践的重要理由的地位。城市的经济结构并非体力—资源的竞争型经济结构，而是能力—能力的竞争型经济结构，因而在孩子抚育要求上，子女数量往子女质量方向上倾斜，家庭人口的增加不仅不会使得家庭受益等比增加，还会带来严重的子女抚育负担。第三，由于城市宗族祠堂文化的长期式微，致使个人缺乏以宗族利益为核心的传统文化的认同感。城市不依赖于宗族式的社会治理，政治化及科层制的管理体系足以实现这一功能。而且，从民国开始，南京政府就以"新生活运动"的口号颁布了一系列的制度,[①] 以图改变社会风俗。[②] 新中国成立后，首颁婚姻法，自由恋爱、婚姻自主成为风尚，父母干涉大大减少。人们婚育观念发生了巨大的转变，这从当时多以感情

---

① 如 1928 年制定的《礼制草案》，新生活运动促进总会规定"举殡时应废除不必要之仪仗"，更为具体的 1936 年颁布实施的《关于婚礼丧礼文办法之规定》等。

② 风俗志有云："民国时代，凡于婚丧喜事仪制，前清拜跪礼节，今概改用鞠躬。不独总统庆贺，即如祀孔庙关岳之春秋祀典。亦皆屏除繁文。只用三鞠躬礼。乃士庶人家。于治丧礼节。灵前仍设拜垫。亲友往吊者。概用拜跪。不用鞠躬。岂祀神或有迷信。吊丧亦尚有迷信乎?"参见胡朴安．中华全国风俗志（下篇）[M]．上海：上海科技文献出版社，2011：28. 新式婚礼，据《调查北京礼俗报告》所载："于前清末叶，上海、广东、浙江等处已有行之者。可约分二派：一为教会派，一为非教会派。其教会派，半系旅居我国之外人，或各宗教徒。若非教会派，则类为留学东西洋之留学生。现在北京亦多仿行。"参见中国第二历史档案馆．调查北京礼俗报告 [R]，1917，1.

不和或包办婚姻为由申请离婚或起诉离婚的就可看出。① 改革开放后不再视为"糖衣炮弹"的西方文化，更是全面涌入，城市生活在现代化的名义下实际是一种西方化，其个体的强调必然导致个人与家庭关系的重塑，一旦重心从家庭转换到个人，家庭所背负的宗族延续意义自然就淡化，"生男生女都一样"显然不仅仅是官方宣传口号。而且，计划生育政策及其所挟持的一系列不利后果，个人无论是被迫抑或认同，都在表面上成为抑制家庭力量或传统文化的重要理由。

由此可见，城市生育文化某种程度上是有利于计划生育政策的实施，即它不会面临如农村那般群体性的反抗。我们可以从 1978 年以前的城市生育率中得到佐证，如北京总和生育率在 1974 年就降到 1.722，并持续在 1.3—1.4 之间徘徊；天津在 1975 年就降在了 2 以下；上海更是 1971 年就已在 2 以下，并在 1974 年后维持在 1.2 的低位。② 然而，更为重要的是，城市中国有以经济为主体的地位与完备的科层管理，依然能够确保计划生育政策的有效实施。城镇居民大体处于两种不同权力场域中，固有不同的政策实现方式。其一，对于依赖于国家分配供给体制的人而言，计划生育政策对其具有强约束力，因而继续发展出如通过对晋升或优秀机会的剥夺，福利的削减，甚至将其从体制中辞退，即完全剥夺其从体制内获得生产、生活资源的途径。其二，对于体制外的人而言，征收社会抚养费这样一种减损人们衍生资源的措施，仍不足以确

① 据内务部 1950 年 5 月至 1952 年 6 月就全国 100 多个县市不完全统计，这期间离婚比高达 42.6%。参见袁永熙. 中国人口总论 [M]. 北京：中国财政经济出版社，1991：413. 另根据 1950 年 1 月 26 日法制委员会编辑室制的上海、北京、天津、西安四城市离婚原因与申请者性别统计表，申请离婚者多为女性，除北京最低占 59.33%，其余均占 70% 以上，申请离婚的主要原因集于没有感情和包办婚姻；另上海的通奸姘居在上海申请理由中占第二，亦可看出其城市居民摆脱传统宗法观念，思想自由及性开放程度。参见中央人民政府法制委员会. 统计表五 [M]//婚姻问题参考资料汇编（第 1 辑）. 北京：新华书店，1950.
② 姚新武，尹华. 中国常用人口数据集 [S]. 北京：中国人口出版社，1994：140-141.

保人们只生育一个子女。为此，需要通过科层制保证实施，一票否决制的存在使得各级党委、政府、计生部门、居委会等单位在行政责任分配下通过地方性规定发展出更为严厉的措施，如将辞退计划外生育员工拓展到非国有企业，并与落户、入学等公共服务挂钩；甚至采取上环结扎、强制引产①等直接针对人们生育能力及实践本身的做法。就国家整体而言，城市由于拥有相对密集的政治资源与更完善的社会分工，从而比资源相对稀疏的乡村拥有更强的转换和支配能力。因此，大部分城镇居民虽然不再栖身于单位制，与农村一样不再受国家的严厉控制，但基于传统生育文化的衰落与城市科层制的管控模式，计划生育政策工作开展起来比在农村更为容易。

二、改革开放以来后二十年的社会生育文化

随着改革开放的进一步推进，城乡间的经济发展差距被迅速拉大，城市经济高速发展的同时，生活成本也越来越高，对于大部分中产阶级而言，薪资增长速度比不上物价攀升的速度。然而，相对于农民而言，城市代表着高收入与高机遇，大量外出务工者离开家乡，"农民工""民工潮""北漂""南下""留守儿童""城镇化"和"半熟人社会"等，都是这一过程所展现出来的独特"词汇"。从"城镇化"到"城乡一体化发展"，反映出的是两者协调发展的急迫性。

首先，改革开放带来的人口流动与城乡不均衡发展，催生出 20 世纪 90 年代以来的"民工潮"，其所带来的农村亲缘、血缘和地缘关系

---

① 1982 年 10 月，担任国家计生委主任的钱信忠，其计划生育工作就是"大结扎"。1983 年一年，防止宫内节育器（上环）达 1776 万例，结扎输卵管 1640 万人，结扎精管 426 万人，人工流产 1437 万例，其中女性绝育手术（结扎输卵管）是 1981 年的 10 倍多。钱信忠虽然很快卸任了，但这一方法在地方上普遍适用。国家卫生和计划生育委员会 . 2013 中国卫生和计划生育统计年鉴［I］. 北京：中国协和医科大学出版社，2013：231.

解体是显著的，宗祠、丧葬和婚俗文化所内含的价值文化不再重要，并进一步凋零。2000 年，第五次人口普查数据显示，农民进城务工者已成为中国产业工人的重要组成部分，其在第二产业从业人员中占 58%，在第三产业从业人员中占 52%；在加工制造业从业人员中占 68%，在建筑业从业人员中占 80%。同时，以 2002 年十六大为起点，我国农民工政策发生了根本性的积极改变，从过去默许、控制、引导，到放开并支持农民流动，政策基调在向允许农民工在城镇定居转变，从单纯的就业向就业、安居、公共服务、城市融入等综合目标转变。① 城市务工环境的改善和人口流动管理制度的完善，进一步推动了农村家庭与社会结构的改变，削弱了家庭作为血缘共同体、乡村作为血缘—地缘共同体的控制力。

农村家庭结构发生代际、性别的分化，个人从中逐渐脱离出来。首先，城乡经济差异，外出务工的增加，改变了家庭结构。有学者分别于 2000 年和 2002 年对农民工流出原因做了调查，结果显示排在前五位的内容完全一致（顺序不一样），农村方面因素是农村收入水平太低、农村缺乏发展机会和农村太穷，城市方面因素则是城市收入高、外出见世面。② 农民收入自改革开放以来，两个增长高峰在 20 世纪 80 年代家庭联产承包责任制改革与 90 年代邓小平南方谈话以后，到 20 世纪 90 年

---

① 2013 年 1 月《国务院办公厅关于做好农民进城务工就业管理和服务工作的通知》，要求减少不合理限制，进一步提高对做好农民进城务工就业管理和服务工作的认识；2004 年中央"一号文件"《中共中央国务院关于促进农民增加收入若干政策的意见》，首次提出"进城就业的农村劳动力已经成为产业工人的重要组成部分"；2006 年 1 月国务院颁发了《国务院关于解决农民工问题的若干意见》，全面涉及农民工工资、就业、技能培训、劳动保护、社会保障、公共服务、户籍管理制度改革等方面问题等。

② 2002 年第一位因素是城市收入高，2000 年第一位因素是农村收入太低，没有机会挣钱。参见李强 . 农民工与中国社会分层 [M]. 北京：社会科学文献出版社，2004：43，44.

代后期增幅就急剧下降,[①] 这与家庭联产承包责任制的生产力已被完全释放、国家财政农业投入减少的原因相关;相反,城市居民收入则始终是较高幅度增长,尤其第三产业增加值从 1978 年的 860.5 亿元增加到 1998 年的 26104.3 亿元,2013 年总值更是首次超过第二产业,达262204 亿元,比上一年增长 8.3%。[②] 城乡经济、个人发展机会的巨大差异,使家庭出现了如贺雪峰教授所称之"以代际分工为基础的半工半耕结构",[③] 即老一辈父母仍在家务农,年轻一辈子女外出务工。这样的一种家庭结构所产生的结果是个人逐渐远离传统生育文化所主导的场域,与家庭(家族)空间距离的增大客观上弱化了家庭及乡村这一权力场域对自身的影响,使得个人逐渐挣脱家庭这一先在的共同体及相应的价值追求。

其次,农村本身也存在市场化,进一步推动了性别平等与女性解放。农村市场化的重要标志是农业产业化,2003 年实施的《中国农村土地承包法》,确认与保护农户的承包用地的物权与转让权。十七届三中全会提出鼓励土地承包经营权流转,2007 年中央一号文件提出在家庭承包经营的基础上,以现代科技和装备为支撑,建立提高农村生产率、资源产出率和商品率为目的的现代农业。产业化、市场化、机械化的开展,农副产品加工业和储藏、保鲜、运销业等兴起,产业结构多元化:一是导致单位耕地上所需要的人力越来越少、资本越来越多,因而

① 1996 年以后,我国农业总产值的增长速度从 1996 年的 9.4% 下降到 1999 年的 2.8%,农民收入的增长速度从 1996 年的 9% 下降到 1999 年的 3.8%。参见曾芬钰,许经勇.我国农民收入增长率下降原因剖析 [J].北京社会科学,2001 (1):42-47.
② 张华初.我国第三产业发展状况 [J].中国改革,2000 (6):48-49;中国经济网.中国第三产业增加值首次超过第二产业 [N/OL].(2014-01-20) [2022-01-01].http://www.ce.cn/xwzx/gnsz/gdxw/201401/20/t20140120_2162354.shtml.
③ 贺雪峰.新时期中国农村社会的性质散论 [J].云南师范大学学报(哲学社会科学版),2013,45 (3):72-78.

企业化的耕种方式更具优势地位，原本以家庭为单位的生产交往模式变得式微；二是使得体力因素在生产环节中越来越不重要，一旦人的能力素质成为核心生产要素，抚育数量与抚育质量的矛盾就得到突显，女性在农村的地位才得以切实提高。而且，"一胎化"政策在客观上保护了女性，减免了她们的家庭生育负担，并让女孩一定程度上获得了更多的重视与机会。市场化的初期，主要是中青年男子出去务工，家里则由女性留守操持家庭，因而自然提高了女性在家里的地位；后来年轻女性也多走向城里，虽多是为了缓解家里负担、帮补家用，但也客观上脱离了父权的场域，并有了许多接触新生活方式和自主决定自我命运的机会。

上述农村家庭结构的改变与农村市场化的结果，都意味着农村的价值生产能力已变得式微，无法实在地为人们提供"历史感"与"本地感"的构想。[①] 人们反哺抑或逃离取决于家庭或农村的价值生产能力。然而无论是离乡赴城抑或离城返乡，对于个体而言，巨大的撕裂感与冲突都不可避免地通过个人与共同体的相处显现出来：在城市中，他们无法将自己的情感和生命从农村的生活观念中彻底抽离，是一种想融入而不得的漂浮感；在回到家乡后，又因为所受到的教育或城市生活的体验而有着一套有别于农村的生活方式和思想观念。最终，每个人只能不断地迫使个人褪去其身上的负荷，通过一种逃离式的个人意义回归而重构自我的所属。尤其是那些举全家或全家族之力读上大学而走出农村的年轻女性一代，基于回报而产生的拘束力更强，越是与契约关系下的自我意愿发生冲突，撕裂越是无处不在。

[①] 杨华将村庄价值生产区分为"历史感"和"当地感"两个维度，所谓历史感是指农民对家庭共同的祖先，进而对家族成员的情感体验，即"自己人"；当地感则是农民对祖先开基和生活的村落，进而对村落里的人的情感体验，即"当地人"。要获得这两种体验需要满足三个条件：必须是"自己人"和"当地人"；遵守村落的规则与隐秘；完成对家族血脉的延绵。参见杨华.隐藏的世界：湘南水村妇女的人生归属与生命意义 [D]. 武汉：华中科技大学，2010.

　　最后，城市在经济的高速发展与计划生育政策的合力下，"后"与"男丁"虽已瓦解，但"望子成龙""望女成凤"所内含的"光宗耀祖"式的价值内涵是始终如一的，因而基于独生子女的补偿心理，整个社会的抚养与教育成本必然会被过分拔高；一旦限制生育数量（如一孩）成为长期政策，会迅速导致小孩哺育趋向"奢侈品化"，且这种限制是普遍的，故整个社会很难再有平价的哺育和教育体系，其关系到与同代人的竞争以及子女在其中胜出所具有的超个人意义，而且这种竞争标尺是高度统一的。这种"被优育"的现象在大城市中尤为明显，且难以逆转。某种意义上而言，这是传统生育文化在不同客观条件下的变种与表现。与此同时，地方土地财政、新城市人的房屋刚需和过剩的资本市场，使得城市发展速度与房价攀升速度共生，并大大高于一般中产阶级的收入水平。尤其有孩子且不与父母共住的人，将觉得各方面都不够宽裕，房贷、车贷的沉重负担，孩子的补习费、教育费，都使得个人不能轻易失去工作及稳定的收入。因此，经济体制虽然使得个人从单位与国家这一共同体脱离出来，生育完全回归到个人或家庭的考虑，但是过高的社会抚育成本则迫使人们不愿意选择生育，计划生育政策表面上在城市里得到了更好的落实。

　　子女成为家庭的"耐用消费品"①。公民教育程度的不断提高，和教育水平与工作收入不成正比的现状，使得子女自立乃至可以反哺家庭的时间跨度变得更长，也即父母可能要提供更高昂与更长期的子女培养资助。而且，国家仍不完善的养老保障体系，以及与传统生育文化一般

---

　　① 贝克尔认为，从原则上说，子女的净成本可如此计算，它等于预期支出的当前价值加上父母劳务的估计价值，再减去预期货币收益的当前价值及子女劳务的估计价值。耐用消费品，指的是净成本为正的情况，这时候若评估人类的生育行为，则有必要假定可以从中得到心理收入或效用。参见［美］加里·S.贝克尔.人类行为的经济分析［M］.王业宇，陈琪，译.上海：上海三联书店，上海人民出版社，1995：214.

不断衰落的孝文化①，都使得子女劳务的估计价值以及从中得到的心理效用大打折扣。更为关键的是，20世纪90年代依赖的国企改制等政策的推行，企业附属托儿所纷纷关闭，旧有的农村、街道托儿所也大都不复存在。据教育部2005年的一份统计显示，相比2000年集体性托幼机构减少56668所，锐减70%②。而市场所提供的3岁以下幼儿机构，更多是以早教为主，既无法缓解双职工家长的工作压力，更需要一笔高额的学费。2009年发布的《妇女绿皮书：2006—2007年中国性别平等与妇女发展报告》中有一项对北京家长的托幼调查，3岁以下入托率仅21.4%，有24.8%的家长曾有过找不到托儿所的经历，且这一部分人主要是双职工和中低收入者家庭。③ 2016年国家卫生计生委家庭司委托中国人口与发展研究中心开展的"3岁以下婴幼儿托育服务需求调查"，显示76.8%的家长期望孩子能上"公办"托育机构，且希望能上全日制者占84.2%；35.8%的3岁以下婴幼儿家长存在托育需求，无祖辈参与照看的家庭托育需求达43.1%；32.9%的全职母亲平均中断就业时间达2年以上，75.5%的人表示如果没有足够的婴幼儿照护服务，将会再次就业④。因此，失去廉价的集体性托幼机构的同时，市场又没有完成很好的补充，对于中、低阶层的适育夫妇而言，尤其职业女性，在没有父母帮忙的情况下，托幼问题就足以使其在生育问题上持更谨慎的态度。

---

① 2012年12月28日，修订通过的《中华人民共和国老年人权益保障法》，增加了家庭成员应当关心老年人的精神需求，不得忽视、冷落老年人；与老年人分开居住的家庭成员，应当经常看望或者问候老年人等相关规定。由此可以侧面说明中国孝文化不断衰落的状况，以至于需要通过法律予以规制。

② 中国人才发展报告2012 [R]. 北京：社会科学文献出版社，2012：112.

③ 刘欢. 本市3岁以下幼儿入托率仅21% [N]. 北京日报，2009-03-02 (005).

④ 国务院妇女儿童工作委员会.3岁以下婴幼儿托育服务需求调查 [R/OL]. (2017-11-29) [2022-01-01]. http：//www. nwccw. cn/2017-11-29/content_ 186813. htm.

第二节　当前社会生育文化的多元格局

上一节从改革开放两个阶段，探讨了中国社会生育文化的变迁逻辑，在于人们从身份关系转化到契约关系下的个体。个人在社会权力结构中的深刻变化，塑造了人们对自我及自我所处之共同体的认识。由于当下社会人们在生育事务上，不少人处于契约关系下的主权性自我，而非身份关系中的附属性自我，故生育文化中充斥着多元的话语，政府放宽的计划生育制度或传统生育文化都无法在全社会范围内起到主导作用，不同的话语及观念为不同的人群提供着行为意义及策略，生育行为具有很强的不确定性。因此，在这种状况下，政府生育文化宣传或会选择与一定程度的传统生育文化联合，比如将家庭孝悌之道重新注入生育文化之中，或重拾一子一女为"好"等文化意涵。政府实际上也的确这么做。然而，应该看到，除非加强个体与家庭或国家的权力关联，能够将契约关系下的自我重新拉回到身份关系下的自我，否则生育激励措施很难实现理想的效果。然而从当前的契约关系转向传统的身份关系显然是难以实现的，也不符合社会进步的方向。因此，尽管中国政府的生育理念与计划生育制度并未达到国际上提倡的生育自由保障的要求，但是生育自由理念已然有了扎根的土壤，并在改革开放、经济发展与社会结构变迁的继续跨步中苗壮成长。改革开放是全面的，契约关系下的自我的转化是诸领域的，它是人权的人格基础。诚然，现在还存在许多问题，最为突出的是从既有的亲缘、血缘和地缘关系逐渐摆脱出来的个人，一方面没有意识到自我自主背后的自我负责，忽略了自身行为下所应当对他人与社会承担的相应责任；另一方面社会没有建立其新的独立主体为核心的契约式规范，导致个人在生活各种方面遭遇到两种规则的撕裂，无法预期自身的行动和与他人顺利地建立新的关系。

一、传统生育文化的式微及区域化

2002 年开始，湖北、甘肃、内蒙古、山东、四川等省（区、市）陆续实行夫妻双方为独生子女，经批准可以按计划生育第二个子女的政策（简称"双独二孩"），直至 2011 年，全国所有省份实现向"双独二孩"政策的转换。同样从 2002 年开始，吉林、江苏、上海、海南、甘肃、新疆、湖南、浙江、山西等也陆续取消生育间隔，至 2013 年山东成为当中第十九个省份。① 2013 年 11 月 12 日，党的十八届三中全会通过《中共中央关于全面深化改革若干重大问题的决定》，明确"启动实施一方是独生子女的夫妇可生育两个孩子的政策"。2014 年 1 月 13 日，浙江省人大常委会通过修改《浙江省人口与计划生育条例》第十九条的决定，并于 1 月 17 日公布，成为全国第一个全面实施单独两孩政策的省份。2015 年 10 月 29 日，十八届五中全会决定，"全面实施一对夫妻可生育两个孩子政策，积极开展应对人口老龄化行动"。12 月 27 日，十二届全国人大常委会第十八次会议表决通过了关于修改《人口与计划生育法》的决定。修改后的《人口与计划生育法》明确，国家提倡一对夫妻生育两个子女，于 2016 年 1 月 1 日起施行。这一系列制度的放开过程，其变迁的主要动因仍然是规范内部形成了冲突，即制度运行所实现的制度本身已与制度目的发生了背离。随着制度环境的变化，既有制度形态暴露出局限性，甚至妨碍了制度目的的实现，即《人口与计划生育法》（2002）第一条的规定，"为了实现人口与经济、

① 魏铭言. 取消生育间隔，放开二胎信号？[N]. 新京报，2013-06-26（A23）.

社会、资源、环境的协调发展，推行计划生育，维护公民的合法权益，促进家庭幸福、民族繁荣与社会进步。"在采取了二十余年的强制型计划生育制度后，我国人口结构发生巨大的改变。①

我国人口结构的改变主要体现在：第一，低生育率问题引发的人口结构失衡。从 2000 年开始，中国人口就处在一个低生育率水平，② 远低于 2.1 的更替生育率。生育率骤降并长期维持在低水平，意味着该国自然增长的年轻人口会迅速减少，在不考虑劳动移民补充的情况下，劳动年龄人口将出现缺口，继而引起人口结构严重失衡，社会迅速进入老龄化。2013 年 1 月据国家统计局公布的数据显示，2012 年中国劳动年龄人口首次出现下降，比上年减少 345 万人；2013 年 9 月，我国老年人数悄然迈过了 2 亿人大关。③ 这样低生育率和老龄化的人口结构，首先反映在地方社会养老保障体系的问题之上，并将会成为制约经济发展的重大因素。

第二，计划生育使得中产阶级迅速萎缩。从前面关于确保制度实施的资源控制措施的分析可知，减损衍生资源的总量和限制衍生资源的获得机会的措施，对于强烈依赖于单位工资的城市中产阶级来说，具有重大的影响。如政府、国企、事业单位等这类供职人员，他们是计划生育一票否决制主要约束的群体，其户口、工作与生育紧紧捆绑在一起，更

---

① 国家卫生计生委副主任王培安认为："进入本世纪以来，我国人口形势发生了重大变化。人口众多仍然是我国的基本国情，同时人口结构性问题日益成为影响经济社会发展的重要因素。"参见姚培硕. 卫计委解释为何在现阶段启动实施单独两孩政策［N/OL］.（2013-11-16）［2022-01-01］. http：//www.chinanews.com/gn/2013/11-16/5510444.shtml.

② 2000 年人口普查表明生育率只有 1.22，2005 年进行的一次 1% 人口抽样调查，显示生育率只有 1.33，而到了 2010 年人口普查生育率则只有 1.181。数据引自易富贤. 大国空巢——反思中国计划生育政策［M］. 北京：中国发展出版社，2013：114-119.

③ 参见中华人民共和国国家卫生和计划生育委员会. 国家卫生计生委副主任王培安就坚持计划生育基本国策启动实施单独两孩政策答记者问［N/OL］.（2013-11-16）［2022-01-01］. http：//www.nhc.gov.cn/xcs/s3574/201311/cc3f1bc9dd24488ab9ef1b08e93e3a76.shtml.

是不得不严格履行计划生育义务。另城市的政府拥有更密集的资源，因此，具有比起乡村等其他地区更大的转换和支配能力，充足的执行资源足以把制度实施得更好。这就使得整个国家的中产阶级难以实现自我扩张，只能不断通过外部进入来扩大规模，否则就会不断萎缩，这同样将影响经济的发展，妨碍制度目的的实现。

由此可见，以 2002 年《人口与计划生育法》为核心的计划生育制度，其继续地维持已经背离了制度目的的实现。与此同时，公民生育实践与制度的冲突，除了在个人权力的场域里通过资源的支配与转化一定的规则，采取不同的实践策略实现可期待的实践目标外，也为社会带来了不稳定。从而促使计划生育工作加快法制化，推动相关社会保障制度的建立和完善，以及计划生育利益导向政策力度的加强及落实。

二、社会生育观念的多元化

传统生育文化逐渐式微并区域化，使得社会生育观念呈现出多元化趋势。脱离了宗族文化，"有后"与"生儿"观念逐步割裂开来，现代男女平等观念已成社会主流话语，传统生育观念在代际中差异凸显。2000 年后，第一批独生子女进入婚育阶段，改革开放下现代化、城镇化发展带来的血缘、地缘关系解体，宗祠、丧葬和婚俗文化凋零，在一个传统生育文化不在场的环境中成长，传统生育观念自然缺失。与之相应，"全面二孩"政策的实施，使得计划生育制度能容纳更多元的生育理由，但由于当前制度的客观目标——鼓励生育二孩，但现有的整个生育（包括养育）保障体系所构建的制度环境，并不能让该理由成为重要性理由。换言之，它只能作为辅助性理由加强自我已权衡得出的实施性理由或作为对他人实践的评价或指导。正如很多女性职员以国家政策为由要求公司对其二孩的生育实践予以支持及保障；或很多家庭内部开始以国家计划生育政策放开，鼓励生育为由对女性生育者施加压力一般，如此等等。

回到生育理由上，伴随当前经济巨大发展，原有基于血缘—地缘关系的共同体，已经在市场经济的冲击下，逐渐瓦解，一系列关于"半熟人社会""陌生人社会"的现实判断和理论揭示，已然说明这一状况。乡村脆弱的经济基础，使得人们被迫或主动地通过教育、就业从身份关系的共同体中脱离，所产生的结果是个人逐渐远离传统生育文化所主导的场域，与家庭（家族）权力间距离的增大使得个人逐渐获得重塑主体性自我的空间。这也就是为何传统生育文化逐渐式微并区域化，整个社会的生育实践所基于的理由呈现出多元化趋势的缘由。

首先，人们"多生育"的传统生育观念理由在代际中差异显现。①一个关于"单独二孩"政策的调研显示，55.6% 的家庭表示会生育二胎，主要原因是"独生子太寂寞了"；② 2014 年，全国仅有不足 100 万对单独夫妇提出再生育申请，是此前官方预计的每年增加人数的一半。③"全面二孩政策"实施后，想生二胎的多为 20 世纪 70 年代末至 80 年代中的人群，六七成生二胎的孕妇在 35 岁以上。④ 可见，新一代适育群体的生育观念已不同程度地发生改变。现代男女平等观念已成社会主流话语，为保证"有后"的"重生子"文化虽然仍在不同地区、

---

① 有学者认为这种代际差异在 20 世纪 60 年代就已开始，当时是基于"公共食堂与'三年困难'时期的经历对家庭生育的影响""人民公社体制下'家大业大'梦想的破灭""村组织对家庭多育从制度上制造不便"和"娶妻嫁女的现实负担消解子女的远期经济效用"。参见郑卫东.集体化时期的分配制度与人口生育——以日照市东村为中心（1949~1973）[J]. 开放时代，2010（5）：103-116.

② 万蜜，等."单独二孩"政策没开放，关于生二胎人们各有看法 南都调查发现：1400 人超过五成愿生二胎 [N]. 南方都市报，2013-08-04.

③ 陈进. 解读：全面放开二孩政策的 5 个原因 [N/OL].（2015-10-29）[2022-01-01]. http：//finance. cnr. cn/gundong/20151029/t20151029_ 520328475. shtml.

④ 黄蓉芳，等. 全面二孩实施半年 全国孕产妇死亡率出现升高趋势 [N]. 广州日报，2016-09-29.

不同人身上不同程度地发挥着影响，但总体已式微。其次，小孩抚养"奢侈品化"的趋势，意味着整个社会不再有平价的哺育和教育体系这种"被优育"观念在大城市中尤为明显，且难以逆转，起着抑制人们生育意愿的重要作用。目前国家采取的"双减"政策，针对的也是这一点。再次，持批判传统生育文化态度的优生优育观念，由于关注的是抚育质量与生育数量间关系的问题，在对生育自由可能放任化的担忧和对政府激励生育的背景下，对政府提出的新生育文化观念和生育自由理念均持一种抵触或者摇摆态度。最后，作为人们生育需求（包括是否生及怎么生）辩护新话语而形成的生育自由理念，成为更多数人秉持或实践的重要观念，但它既消解了传统生育观念，也与政府人口观念中的工具理念内核相抗衡，强调个体对生育行为意义的理解及负责任的抉择，此乃生育权的核心。因此，在明确个体逐步处于契约关系，且难以逆转回身份关系之下的前提里，采用适当的生育激励制度促使人们做出生育的选择，即便其生育激励效果不会太好，或者说在短期之内难以奏效，但也成了必由之路。

第三节　生育自由的话语功能及制度建构原则

在前述确立生育权利的具体内涵，明确应然权利向实然权利转向所面临的实践问题，和揭示当前社会生育观念的多元竞争状况之后，本小节笔者将主张应该在以生育自由观念吸收与转化其他观念的基础上，尝试建构以生育权保障为根本逻辑的生育激励机制，重点探讨处理如主体间权利冲突，多重主体交叉责任分配、不同实践情境中的权利保障等问题的原则，从而为下一部分的完善国家生育保障制度提供切实可行的理论指引。

一、作为权利话语的生育自由

首先应当注意的是，"生育自由"这一权利话语内核在"全面二孩"，尤其"三孩"政策之后会产生新的功能变化：一方面，当大部分人不再视"三孩"为生育限制时，对于完全放开生育就难以形成有效的实践共识，无力进一步推动计划生育制度完成以生育自由为内核的改革；另一方面，个人生育实践，尤其是女性生育实践可能将会面临传统家庭场域与职场工作场域的冲突，当女性无法基于所掌控资源而获得足够强大的权力，进而难以维持自我生育实践的自治性时，生育自由的权利话语就具有重要意义。在制度意义上，生育自由理念及生育权能够联合已被国家制度承认的妇女权利、儿童权利，共同推动制度的完善，使得她们能够凭借国家权力保障自身生育实践的自主性、获得更多的公共资源，维护自身在生育领域中的利益。比如，为了兼顾工作与家庭的生育及子女抚养，要求国家提供普惠性的保育服务供给、时间弹性且有保障的工作制度等，会逐渐成为社会共识；同时，由于越来越多的人秉持着自主自我的认识，在生育问题上越来越趋于理性化，而国家为了提高人口总和与生育率，防止社会少子老龄化的深化，也会不断地创造有利子女抚养的制度环境。在这个意义上，中国计划生育制度将会逐步与社会保障制度合流，此乃未来改革的一个根本方向。

然而，正如前面所述，当前中国的生育实践中所能达成的共识是有限的。作为行动理由的传统生育文化，其实践之个体性和社会性已无法得到统一，并失去了作为社会主导实践共识之地位。而生育权利之合法性确立，仍需要基于本国历史实践经验的反思和商讨程序的论证来获得共识。新中国成立以来的计划生育实践经验，所给予我们的实践共识主要是禁止"大月份引产""强制堕胎节育""户口绑定"等做法，在激励生育背景下这些做法并没有太大的意义。生育虽然是人类的一种自然属性，但生育行为不仅仅是一种动物性行为，更是一种社会实践。生物繁衍的欲求本就构成生育实践的行动理由，该行动理由同样构成了生育权利的最根本基础。然而生育权利的内容是多层次的，也即单纯生物繁衍需求的事实只能说明最低程度的生育实践之必要，并不当然意味着绝对自由的生育实践之必要，更不能说明生儿才能实现生物繁衍。因此，在这之上更多层次的生育权利内容，依赖于实践共识的形成，这是前文已作论述的。

回到当下中国的生育权问题，传统生育文化的个体性和社会性已无法得到统一，并失去了作为社会主导实践共识的地位。首先，新中国成立以来的计划生育实践经验的反思，所建构的实践共识主要是禁止"大月份引产""强制堕胎节育""户口绑定""一票否决制"等。同样，也正是因为这样的历史实践，在限制堕胎问题上，我们并没有相应的共识及规范，也就是说，在生育行为自决权的实现过程中，并没有受到更高层级的生命尊严价值的应有限制。生育行为自决权是一种个体完全自主的消极自由，这是需要在未来予以制度完善的。然而，也要警惕一种矫枉过正的做法，即在不涉及生命尊严价值的前提下，基于其他目的的考量，不顾个体的生育行为自决权而严格禁止堕胎。

对于生育数量的自主决定，在目前三孩政策与取消社会抚养费等惩罚性措施的制度背景下，已然得以实现，但这只限于特定合法婚育主体。就目前中国而言，如同性恋者、在押罪犯或非婚姻关系者等的生育权，以及单身女性冻卵等生殖辅助技术等问题上都仍未形成社会共识，自然无法推动制度向应然的生育权利作进一步改革。然而，由于这些问题的伦理挑战程度是有差异的，所以形成我国社会共识的可能性是有区别的。如允许单身女性冻卵就已然在社会上形成较为广泛的讨论，并达成较为一致的意见。就此而言，2021 年 8 月 26 日，湖南卫健委答"'开放单身女性冻卵但解冻需生育证明'不失为可行方式"，这实际就释放出制度改革的可能信号。① 基于以上的论述，生育权从应然权利到法律权利的转化过程中，仍然需要有更多的公共讨论，确立一个公民能够充分参与的商讨程序。

尽管中国政府的生育理念与计划生育制度并未达到国际上提倡的生育自由保障的要求，但是由于生育自由理念已成为公众可以利用的生存策略，并作为一种权利话语与其他工具主义式的理念，在制度或制度实施层面相抗衡。由于政府对生育价值、功用的评价也越来越基于社会稳定或社会和谐而考虑到其对人的意义，故中国的计划生育制度呈现出放宽生育数目口子和强调利益引导模式的趋势，这种趋势能够在表面上与生育自由理念相契合。但是，若计划生育制度的内核始终是工具主义式的，那么其功利性与强制性特征则同样会加持到生育激励机制之上，对生育自由理念及生育权造成严重的威胁。而且，生育自由理念也具有可异化成传统生育观念的可能性。因此，生育自由理念能否最终成为中国生育制度的内核，完全改变后者的功利性与强制性特征，所要面对的阻力是巨大的。尤其"三孩"政策已基本符合（甚至是超出）目前一般国人对生育数量的要求，而激励生育措施也仍未成为强制生育措施，独身女性的生育权、生殖辅助技术的使用等问题为生育权的推进，能够带来多大的动力仍是未知之数。但是，可以预计的是，在当前我国生育激励背景之下，以上提及的生育权内容是可以有重大突破的。

① 湖南卫健委答"开放单身女性冻卵但解冻需生育证明"：不失为可行方式 [N/OL]. (2021-08-26) [2022 - 01 - 01]. http://news.cctv.com/2021/08/26/ARTIOZovNYCGMKeW4oyn4y0E210826 shtml.

无论是过去的限制生育政策，还是如今的激励生育政策，人口生育政策的实践面对的都是一个个鲜活的生命个体，尊重他们作为人之价值才是一切的根本。因此，单纯依赖于人口学家通过当前人口结构问题及相应的数据来推动改革，加之经济学家片面地以激励或处罚的经济制度手段去调整民众的生育意愿，实际都是在依循着政府的生育工具理念去看待生育，缺乏生育自由理念的改革最终仍无法逃脱生育管制，也无法取得良好的效果，这在前文对生育激励机制的效果与界限分析中已经阐明。为此，我们法律人也应该投入这一制度改革中，把握这个现实倒逼改革的契机去促进计划生育制度的本质性变迁，为其注入本应存在的生育自由理念的制度核心，并在此基础上，展开生育激励机制的讨论与构建。

二、生育激励机制的建构原则

权利的实现是关系性的，即每一项权利的实现都处在主体间的关系结构之中，而某一主体的权利实现都会需要其他主体采取一定的行为（为或不为），也会对其他主体的同权利或他权利的实现带来一定的（正面或负面的）影响。在前述借由霍菲尔德的八个法律基本概念对生育权的规范分析中，由于重点在相关关系与相反关系的界定，故是以 A 与 B（或其他人）两者相互匹配的存在，而不涉及"权利—权利"这类冲突关系。然而，在实践中这一冲突情形是很常见的，既包括同权利之间，也包括不同权利之间，尤其在生育保障领域中。比如，将女性产假权利的保障义务，完全赋予企业，且产假持续时间过长，可能就会影响企业经营权的实现，企业为避免这种情况的发生，就会对女性形成隐性歧视，而这是难以通过制度予以规制的。再如，儿童的权利保障，会涉及儿童之间的权利平等、男女间的权利平等、父母的监护权范围、家庭获得救助的权利、父母的个人权利、家庭与社会及国家的义务责任分配等。为此，生育激励机制的构建，需要考虑主体间权利冲突的处理原则、多重主体交叉责任中的分配原则、不同实践情境中的权利保障原则等。

（一）生育激励机制涉及的三类域

生育激励机制所要激发的是个人的生育意愿，而每个人的生育意愿及生育实践的实现，都依赖于不同层级的社会共同体的支持与相关作为。而在生育权的规范分析中，不同权能也指向了不同的他者或共同体，同样，不同的他者或共同体也拥有相关的欲求或待实现的权利，因而生育激励机制不仅要激发个人的生育意愿，还要处理好围绕生育以及生育保障所涉诸多主体的权利。根据德国法哲学教授冯·德尔·普佛尔滕对于个体欲求的分析，通过其依赖于其他相关者或共同体为标准，可区分出以下三类实践域（或理想类型）①：

①个人域的欲求，它在根本上或实践上不必然依赖于特定他人，主要包括人的尊严、身体、生命、物理和心理的完整性，即位于一种符号化的身体界限之内的欲求；②相对域的欲求，它部分必然依赖于他人或某个共同体，如一般行动自由、思想表达自由、宗教实践自由、艺术和学术自由、营业自由、在困境中获得他人帮助；③社会域的欲求，它广泛地或几乎完全必然依赖于他人或某个共同体，如在工作、生活、文化或体育活动中的共同活动、分工高

---

① 这一标准由冯·德尔·普佛尔滕《法哲学导论》中提出，以之来处理个体道德权利在实现过程中与其他相关者或共同体间的关系，即"一个道德上应被顾及之个体的欲求或利益在形成或实现过程中越是必然强烈地依赖于其他相关者或共同体，这一个体就越是必须通过权衡来自相对化，或者共同体就越是能依照共同体的目标来做出判断。"

度精细且依赖于基础设施的现代经济、自然资源的利用、社会机会的平等这些利益。①

　　这种依赖性可以产生自两个原因：①过去导向的，因为涉及他人的特定实践或在特定共同体中的特定实践是塑造欲求的必要形成条件……②未来导向的，因为特定实践只有与他人一起或在具备其惯例的特定共同体中才能被实现……

由于此处的欲求在"道德上应被顾及"，也即可获得道德辩护而被正当化的个体欲求，实乃道德权利。诚然，它不等于法律权利，否则那些更具宣示意义的道德权利一旦通过义务或责任固定，就会导致实践的扭曲，例如，个人应当被以尊重的方式对待、个人在困境中应当得到帮助等，虽然在道德上是可欲的，但若以此设定请求权或权力，则会问题百出，也无法诉诸实践。然而，这不能否认法律权利也是一种可获得道德辩护而被正当化的个人欲求，因而三类实践域的划分，可给予我们重要的启示，揭示出权利实现中个体与他人或共同体之间更丰富的关系。生育权包含了四项权能，生育能力支配权、生育行为自决权、生育信息知情权和生育保障获得权。其中，结合前文的规范分析可知，生育能力支配权主要是个人域的欲求，而生育行为自决权基于自决的内容横跨于三类域的欲求之间，生育信息知情权与生育保障获得权则更多落于社会域的欲求之中。在相对域与社会域中，个人由于部分必然依赖和完全必然依赖他人的积极行为，自然就涉及他者的欲求问题，也就是涉及与他人的关系，以及与他人相关权利间的权衡问题。因此，将生育激励机制中所涉及的诸多权利之间的关系及其实现还原到不同的实践域内，以个

① ［德］迪特马尔·冯·德尔·普佛尔滕. 法哲学导论［M］. 雷磊，译. 北京：中国政法大学出版社，2017：160-161.

人域、相对域和社会域区分出内涵的不同制度建构模式，可探究其中不同的建构规则。

根据三类实践域的区分，任何权利实现中涉及的实践主体间关系，以"不必然依赖""部分必然依赖"和"完全必然依赖"，亦可划分为个人域的权利实现，相对域的权利实现和社会域的权利实现，如表 3-1 所示：

表 3-1　权利实现的实践域

	自我	他人	共同体
个人域	√	—	—
相对域	√	√	√
社会域	—	√	√

注：依赖：√；不依赖：—

然而，上述分类还需要一个转译过程，即这里的依赖关系能否进一步转化为实践关系，甚至通过"权利—义务"关系进行再编码？在普佛尔滕看来，依赖性产生自两类导向：（1）过去涉及他人的特定实践、在特定共同体中的特定实践；（2）未来与他人一起实现的特定实践和具备某惯例的特定共同体。第一，过去导向的实乃某种社会的趋势或流行、既有的他人的实践经验启示和已经形成的可实践之条件，其唤起了个人的特定实践意愿和构成其实现其特定实践的客观社会条件。可见，相较于规范或正式制度的有无，其更实质性地仰赖有无特定的实践环境，也即在社会中的特定实践状况。可想而知，若有相应的权利规范，却无相应的或者甚至是相斥的权利实践的话，那要就说明该权利并不是社会公众的真正欲求，要就说明缺乏个体实现该特定权利的条件，该条件可能是制度性的，也可能是社会性。也就是说，在缺乏相应有效的正式制度或社会规范状况下，更直白地说，没有既有的权利实践先例下，不可能指望某个个体的权利能够得到良好实现。第二，未来导向的依赖关系，更强调主体间协作关系的建立，与他人的交谈以取得实践的便利、共识或支持，甚至能够达成合作而实现或最大化自身的利益，有可利用公共资源和获取公共服务的利益，而且在此过程中每个人都有且遵守特定的社会规范，可来自正式制度或非正式制度。我们可以回想一下德国社会学家尼古拉斯·卢曼的重要启示，法律作为社会子系统承担的正是稳定规范性预期的功能，此乃正是确保未来与他人一起实现的特定实践和具备某惯例的特定共同体之存在所必要的功能子系统。所有未来的，都会变成过去的，而所有的过去都会延展出未来，考虑到这一层转换意义，过去导向与未来导向之间的界限与区别并没有那么绝对。对于即刻的个体权利实现而言，需要的都是对已有实践经验的确认或借鉴，以及自身在即将实践过程与他人可能产生的关系和对能够具体建立何种联系的预测，由于这样一种依赖关系，故而每个人的实践取决于他人的特定实践，这里的特定实践，除义务（责任）行为外，还包括其他能够支持权利持有者权利实现的行为。于此，实践的可理解性获得了更为具体的说明。为便利于论述，我们这里根据依赖行为的性质划分为"积极行为"与"消极行为"，从而个人域的权利实现，虽然在根本上或实践上不必然依赖于特定他人，但实际上是需要他人以消极行为予以支持。

（二）不同域权利实现的冲突处理原则

个人域、相对域和社会域的权利实现，由于与他主体或共同体的关系不同，所以有着不同的实现原则。其中，相较于个人域、相对域和社会域的权利实现复杂得多，尤其是相对域的权利实现。而且，对权利的存在及其意义的阐释，对确定主体间的关系，推定义务或隐含义务是重要的。为了达到推理出隐含义务的目的，最有用的分析工具当属霍菲尔德的术语。在卡尔·威尔曼看来，以霍菲尔德状态表述在制度或者道德规范下任何权利的一个最大的好处是，它可以使该权利的部分实践重要性得以显明。但同样如其所担忧的，不同的人对权利存在的陈述解释方式是不同的，即便是同样的方式，也存在偏私和理解上的差异。① 为此，他主张从找出权利的理由出发，寻求权威法律渊源，并结合事实确证或者否证权利的存在，或者相互调整以达到一种反思平衡，从而对权利重新定义以使其内容与找到的理由相称。当阐释该权利为真的权利时，隐含义务就会浮出水面，从而相关的权利就需要做出让步，从而确保权利的实现。相对域和社会域的权利实现，需要合理、精确地从主张权利的具体内容中得出一个或者多个隐含义务，以此协调权利之间的冲突，否则依赖关系无法建立。以下将具体阐述在实现各个域权利的过程中，发生冲突所应当遵循的处理原则。

1. 个人域权利实现的冲突处理原则

个人域的权利实现，由于不必然依赖于他人或某个共同体的积极行为，也即要求他人或某个共同体对其采取消极行为，而且更注重于个体对自身的强烈依赖性。在生育权的权能里，生育能力支配权与消极的生育行为自决权内容，更多是属于个人域的权利实现，由于更注重于个体对自身的强烈依赖性，因而不必然依赖于他人或某个共同体的积极作为。② 它强烈关涉于人的尊严、其个人的物理生命、其身体的完整性、其根本性的思维与意愿等，这些被视为个人身体界限之内的要素，实乃

① ［美］卡尔·威尔曼. 真正的权利［M］. 刘振宇，等译，刘振宇，译校，刘作翔，审定. 北京：商务印书馆，2015：277.
② ［德］迪特马尔·冯·德尔·普佛尔滕. 法哲学导论［M］. 雷磊，译. 北京：中国政法大学出版社，2017：159.

生育权得以存在以及实现的基础。这些要素在实践中承担着某种符号化功能，目的是为了取消每个个体间的实际差异性，主张每个人都应当被视为目的，被平等地对待，而且这类欲求在世界上任一国家、文化和社会都应当被实现，它们是其他更复杂、与他人或共同体关联更密切的权利之构成基础。因此，生育能力支配权或消极的生育行为自决权等这类个人域的权利实现，其根本原则是伤害原则（Harm Principle，密尔），即不可以侵害他人的权利，这自然包括可被医学视为人的胎儿的生命权。个人域的权利实现关系到作为目的的应被平等对待的个人，且不必然依赖于他人或某个共同体的积极行为，因而在与相对域或社会域的权利实现发生冲突时，具有优先实现性。

个人域的权利实现，当然不意味着与他人或所在共同体不存在任何关系，作为基本人权的生育权或这样一个陈述——"每个人都有生育权利"那般，所隐含的义务是根据该陈述的精确意义而定的。因此，根据本书对生育权的论述，就其核心"生育自由"而言，所能指向的义务主要是生育主体之外的他者不作为义务，而生育主体所要履行的生育或不生育的义务只能基于生命尊严的考量。在具体权能上，则是指向生育能力支配权、消极的生育行为自决权的内容，由此推出具体的隐含义务，他人或共同体对生育主体的不干涉义务，以及生育主体大月份不得引产的义务。然而，可能更重要的是，生育权利是否包含任何针对他人的免于无法生育的主张？或者要求他人或共同体提供保障或实现其生育意愿的条件？在生育权的规范分析上确实无法得出上述义务，但在实践上，他人或共同体对此的积极保障显然难以说是一种干预，而这正是生育激励机制所考虑的。正如我们在现代低生育率国家中看到的那样，国家需要承担向公民提供各类生育保障或创造一个生育友好型社会的责任，也即为了使公民更愿意生育，国家承担了越来越多的积极责任。诚

然，我们可以将这一部分划为生育保障获得权的内容，从而在社会域的
权利实现中再作具体讨论。因此，如果我们要严格以个人域的界定去限
定生育权利内涵以使之相匹配，那只能限定在特权与无权利的相关关系
上。个人域的权利实现，只限定于排除他人或共同体干扰、自我维持及
实现的解释之上，也即个体无义务遵循他人或共同体就个体域权利做出
的特定实践请求。为此，对于人们而言，需要对他人的生育能力支配权
与消极的生育行为自决权保持尊重，明确彼此之间是对等的，不存在某
人的权利才是真正的权利，而其他人的权利不是真正的权利或者是属于
相对次级的权利。这也就意味着不能因为部分人的个人域的权利实现，
而有意减损其他人的个人域的权利实现，这正是"伤害原则"所要求
的。在此个人域意义上，国家所承担的是消极责任，当公民个人域权利
受到他人不正当侵害时，应给予充分的司法救济。

2. 社会域权利实现的冲突处理原则

社会域的权利实现，由于处于与个人域相对的另一端，故先作说
明。在生育权中主要涉及积极的生育行为自决权、生育信息知情权与生
育保障获得权的部分权能。此类权利的实现几乎完全依赖于他人或某个
共同体（国家）的积极作为，如与他人交谈和合作、政经文体活动中
的共同行动，利用公共设施、公共交通工具等的利益，分工高度精确且
依赖于基础设施的现代经济，获得社会资助、利用自然资源，维系共同
体如婚姻、家庭、农村、城市、国家和民族的利益等。栖身于这些共同
行动之中的个体权利，或者说构成这类共同利益单元的个体权利，具有
十分强烈的社会依赖性。因此，社会域的权利实现，其根本原则是便利
原则；在冲突情境下，由于国家公共资源供给的有限性，则通常运用差
别原则（Difference Principle，罗尔斯）。如果无法适用差别原则，则可
采用最佳化原则（功利主义的利益最大化原则）与比例原则。

　　这种依赖性关系是复杂且多重结构的，难以通过简单的霍菲尔德的术语进行表述，例如，与他人合作实乃相当于订立契约，从而为了共同目标或利益相互设定义务或责任，然而这是在有实践共识的前提下，谋求实践共识本身就是个相当困难的问题，如最基本的生育这一实践，男女之间就必须形成实践共识（生育合意）；再如生育休假制度或女性职工的权利保障，基于共识的积极义务承担对实现目标更为重要，否则无法激活社会（企业）力量去主动承担这一责任。在诸如医院、卫生站等公共设施（公共服务）中，围绕着生育主体的权利保障，一方面是私人权力与公权力责任的相关关系，另一方面则涉及诸私人权力在同等使用公共设施时可能面临的竞争关系。在维系共同体利益时，个体与共同体利益间并非总是保持一致，甚至可以说存在冲突是常态，这在计划生育制度的实践中已然证明，从而个体在维系共同体利益时应负有何种义务是个问题，尤其是这种义务还涉及其对立面——生育自由的权利；或者说，每个人对构建一个生育友好型社会、适合每个儿童安心健全成长的环境所必须承担的社会责任——应能承担抑或应益承担的方式是值得探讨的，其决定了个体之间以及与共同体之间的关系。诚然，普佛尔滕无意于完全解决这一问题，其注重的是各域内部及不同域之间的欲求冲突问题，并在其个人规范主义伦理下，确立恰当的处理原则。如在社会域内部的冲突情形中，普佛尔滕认为最佳化原则可以作为具有启发性的出发点，共同体可遵循共同体利益之总和的最佳化；在社会域与其他域的冲突情形下，个人域之欲求享有绝对优先性，相对域的欲求则具有一种相对的和原则上的优先性。① 总的来说，生育信息知情权与生育保障获得权的部分权能，作为社会域权利的实现，由于离不开他人或某个

---

① ［德］迪特马尔·冯·德尔·普佛尔滕. 法哲学导论［M］. 雷磊，译. 北京：中国政法大学出版社，2017：162-163.

共同体的积极作为，因而必须通过法律的相关规定，给这类权利设定相应的义务或责任主体，囊括所关涉的关系主体以保障其顺利实现，因而主要对应于请求权—义务、私人权力—公共责任关系的多重建构，其中根据关系亲疏及能力大小而建立起的次序规则，原则上决定了不同主体应当担负的关怀责任内容。其中，生育信息知情权只涉及有限、单线的主体关系——夫妻之间，个人与医疗机构等知情人之间，因而容易设定请求权—义务关系保障其实现。但生育保障获得权的实现则没那么简单，因为其涉及生育权主体、国家及相关社会主体的关系建构，且必须基于国家干预的强度和通过制定的系列"生—育"保障制度予以确定。

3. 相对域权利实现的冲突处理原则

最后是相对域的权利实现，其部分依赖于他人或某个共同体的积极行为，后者决定其实现程度的好坏，在生育权中主要表现为部分的生育保障获得权的实现。人们应当承认我们每个人都生活在相互依赖的关系之中，很多权益如果能够获得这个关系的支持将得到更好地实现，或者如果只凭个人力量将需要付出巨大代价或者难以实现。现实中，相对域的权利实现情况比我们想象中更广泛，由于个人可以自由决定是愿意参与某一共同协作或共同体规划，也可以独自一人或联合第三方共同实施其个人愿望，这都是可被允许的。然而，对于个人而言，相对域的权利要想获得更好的实现，需要依赖于他人或共同体能够形成合意决策组织，才有可能在做出相关决议使得每个人权利都能得到平等对待的同时，所有参与者或共同体的利益能够实现最佳化或达到帕累托最优的境地。因此，相对域的权利实现，即在"权利—权利"冲突中——并没有所谓真正的义务主体，其关键在于行动关系者间的实践共识之形成。否则，必然会基于冲突而使之一方无法很好地实现权利或自身的欲求。例如，抚育儿童需要花费父母（尤其母亲）大量的精力，并使得女性无法兼顾家庭与工作，因而通过交付保姆或将之送到托育机构能够解决这一问题，但即便有合同契约规定，基于共识的积极关系仍然是决定这一权利程度的关键。再如，社区或邻里之间在育儿方面的互帮互助，若没有并不影响母亲对子女的养育或儿童的安心健全成长，但有的话，则会使得相关实践变得更好。因此，作为相对域的部分生育保障获得权的实现，取决于社会在生育问题上能否取得一个良好的共识。就目前社会生育文化多元格局状况而言，该共识应当是一个建立在生育自由理念基础之上、以创造生育友好型社会为目标的社会共识。为了促成实践共识的形成，相对域的权利实现，应以互惠原则为根本原则；在冲突情境下，若均属于私主体，则原则上应适用同意原则与补偿原则，若涉及公主体，则要考虑帕累托最优等原则与比例原则。

由于相对域的特性，相较于设定一个霍菲尔德状态，即相对域的权利实现更需要有一套整合程序以达成实践共识。此套整合程序包括三类要素①：（1）人员整合要素，组织者与被组织者在其中均有重要作用，组织者是相对域的权利实现过程中社会性和精神性方面有活跃性和主动性的人，一个稳定的共同体意味着持续组织和被组织，组织需要保持被组织者之组织的地位，组织者需要团结被组织者们，代表或体现组织所要实现利益或价值的统一性。比如，为了消除独自一人育儿的不安及缺乏周围人帮助的状况，社会中需要有人组织起来，成立一些"育儿沙龙"或"育儿广场"等平台，更好地服务父母和婴幼儿。（2）功能整合要素，即意义在于达成合意的过程，它能将某些利益设定为共同性的，并同时强化共同体和参与者对实现该欲求之共同性的体验的功能。此整合性功能运行的三种程序主要有辩论、投票和统制，其有效性取决

---

① 此处受到德国公法学者鲁道夫·斯门德的整合理论的启发，参见：［德］鲁道夫·斯门德. 宪法与实在宪法［M］. 曾韬，译. 北京：商务印书馆，2019.

于以下两方面：一是该设定为共同性的利益确实具有整合力量，其以所涉主体间或联合共同体的特定价值共识（或某种社会基本共识）为前提，大家可由此进一步达成实践共识，作为结成组织的基础，为彼此存在利益张力的行动本身设定具体规则；二是该设定为共同性的利益的范围能够作用于全体成员，其以所有人都内在地参与该组织行动为前提。在笔者看来，生育权与将要论述的保育权能作为共同性的利益发挥上述两方面的功能。（3）实质整合要素，也即权利，相对域的权利内容之实现能够获得他人或共同体的积极行为之支持，在实现过程中又能强化、充实、固化乃至建构该伙伴关系。需要强调的是，寻求与他人合作或连接成某一共同体并不是目的本身，相对域的权利不是由于此类存在才被赋予，而是相对域的权利实现需要，塑造了这些伙伴关系、创建了这些共同体结构，从而使得后者的目的或使命就是从中做出一种行动选择，此种选择的根本推动力是相对域权利所具备的最优化趋向。此外，从相对域的权利实现十分仰赖于权利主体自身能力的同时，又仰赖于他人或共同体的积极行为才能更好地实现权利而言，国家有责任提供相应的制度便利和配套设施，辅助于个人。顺便提及的是，上述整合要素同样适用于社会域的权利实现情境，但社会域的权利本身由于必然依赖于他人或共同体，因而这一责任最终将落在国家身上，而非权利主体身上。下文，我们将以此对中国生育激励机制的两项重要制度进行重塑，以及借由保育权的实现讨论如何构建生育友好型的社会关系。

第四章 中国生育激励机制的两项重要制度

　　生育激励机制的建构，自然不是仅凭通过个别制度的建立或完善即可完成，它需要多种制度的构建以形成系统性运作。生育激励机制在坚守生育自由理念的前提下，需要围绕着公民的"生—育"活动（不仅仅指狭义的妊娠，还包括养育）而提供广泛的权利保障方式，为人们提供更多的辅助性理由，促使人们在理由强弱对比中，诉诸生育的实施性理由能够胜出，或者具体确定生育行动决策时，促使人们做出更优的生育实践方案。要达至上述效果，在制定相关生育激励制度时，就必须考虑到不同实践域的权利实现特性，兼顾相关主体的不同欲求（权利）并基于特定原则妥善处理，否则所谓的生育激励制度将成为生育阻碍制度，实施效果不仅大打折扣，甚至可能南辕北辙。根据现代低生育率国家的实践来看，生育休假制度与托育供给制度是无法绕开的两项基本制度，也是生育激励机制的两项重要制度。为此，本章将以我国这两项制度作为分析对象，在不减损生育自由或生育权的前提下，通过对主体权利实现的实践域确定、相关主体间的关系分析、以不同权利为载体的利益平衡等方面进行考虑，从而完成制度重塑，并展示生育激励制度建构的逻辑。

第一节　生育休假制度

当前，生育保障制度中最为主要，人们也最为关注的是产假制度。产假制度，关系到个人、用人单位、社会和国家的时间利益分配，因为生育必然面临着一段时间的劳动力丧失，影响对自身工作前景、待产生育期间收入保障、抚育婴幼儿时间精力和物质付出等一系列因素，这些都是人们生育实践选择所必然会考虑的重要理由，所以产假制度的实施必然也会涉及另一配套制度——生育保险制度。生育休假制度，不论长或短，都深刻地影响每个人（尤其是女性职工）的权益以及生育考量。然而，生育休假制度，若只是考虑女职工的权益实现，忽略了女职工的权利实现大多处于相对域或社会域之中这一现实，那么就不可能考虑到要如何促进其中各主体的实践共识达成。生育休假制度，不仅仅限于女职工的合法权益实现，从其实践域来看，还涉及用人单位、男职工和国家等主体。因而生育休假制度，应当考虑到女职工、男职工、用人单位和国家四者的关系，平衡好四者的权益实现，作为生育激励机制的生育休假制度才能发挥其应有的效果。不合理的生育保险制度，不仅会妨碍产假制度的实施，更会导致女性在职场中处于劣势的一系列问题，影响生育激励机制的运行。

在笔者的多地调研中，可以发现人们对生育休假的态度是矛盾的，而且与其所从事的工作单位性质息息相关。与呼吁延长产假的声音不同，在企业中的受访女性普遍对现行产假天数感到满意，不满意或非常不满意的仅占受访人数的10.3%，有13.6%的女性希望生育休假能够增加。对于过长时间的休假可能会对工作造成负面影响，仅有29.3%的受访者表示不担心或完全不担心长时间休假后回到工作单位岗位会发生调动。但在事业单位中，由于不存在被辞退、收入减少或日后工作边缘化的风险，因而在这类调研用户中有 76.3% 的女性期待生育休假能够增加。其中 53.2% 的人希望能够延长至一年，即直到孩子满一周岁。在调研的所有女性中，有 70.4% 的人认为产假增加（一年以上）会造成女性的就业及用工歧视。另外，当被问到如果国家设立育儿假（三年），是否会主动申请时，仅 31.7% 的人表示会。目前，截至 2021 年 11 月 30日，各省级行政区中，产假期限均超过国家规定的 98 天，大部分在158—190 天之间。其中个别省份的延长天数与生育数量挂钩，如浙江一孩 158 天，二、三孩 188 天；河北一、二孩 158 天，三孩 188 天；陕西 158 天，生育三孩再增加半年奖励假；等等。其中，陕西省的女性职工在生育三孩时，已然接近一年的产假。另外，有部分省市，如吉林、海南和重庆，在向企业申请并获批的情况下，可以延长至小孩一周岁，且其工资不得低于本人基本工资的 80%。为此，本节将根据前述生育激励机制建构的基本原则，结合当下各地产假制度的具体不同实践，指出其中存在的主要问题，并提供一个更为科学的、可予以参考的产假制度完善方案。

一、当前产假制度的状况及原因分析

首先，我们先考察 2015 年实施"全面二孩"政策对地方产假制度的影响。从各省级行政区在"全面二孩"政策颁布之后，陆续修订的地方计生条例来看，若以颁布时间排序，会发现这样一个有趣的趋势（图 4-1）——越往后修订计生条例的地方，规定的产假时间往往就越长。最开始湖北、浙江和天津都是 128 天；从广西 148 天开始，各省区基本都规定为 158 天（除了上海、北京和江苏）；海南 188 天出台后则开始陆续出现 180 天左右产假的地方，河南更是跟它齐头并进，而重庆虽然新增 30 天，但如海南那般，规定了经单位批准夫妻一方可以休育儿假（海南称为"哺乳假"，限定为女方）至子女一周岁止。

如何看待这一阶段的这样一种"巧合"？是有意为之，抑或无心插柳？这些地方之间假期相差颇大，如婚假有低至 3 天，也有高至 30 天的；陪产假中最少有 7 天，最多同样有 30 天；而产假最高和最低更是差了 2 个月。这让人不禁疑虑：到底是什么原因决定一地的产假天数的呢？为何一些地方鼓励假是 30 天，有些却长达 3 个月，是基于各地激励生育强度不同的展现？可广东这种人口生育大省，人口增长率也冠绝全国，① 按理来说并没有太强的动力及压力去刺激生育，但也在海南之后将奖励假延长到了 80 天，产假为 178 天。而海南和河南两地，从第七次人口普查的数据来看，也没有这么大的人口压力。海南虽然人口不算多（2000 年为 1008 万），但 2010-2020 十年间的年均人口增长率高达 1.52；而河南一直以来就是人口生育大省，2020 年人口数为 9937 万，排名第三。那么，是否还有一个更一般的制约因素主导着这些地方在产假鼓励天数上的调整？

"三孩"政策之后，在上一阶段产假奖励天数比较少的省级行政区也纷纷跟上（图 4-1），尤其部分地区直接与生育数量挂钩，如浙江、陕西、河北等，具体参见表 4-1。对此，我们可作两种解读：一是生育休假制度至少在这些地方看来，具有生育激励的功能；二是在这些地方的主政者看来，延长生育休假可被视为他们有意识地应对本地低生育率的一项重要措施。这两个不同的解读，背后的压力来源并不相同，一是来自本地人口低生育率的应对，二是来自中央要求地方对人口低生育率

---

① 第七次人口普查中，广东省人口数为 12601 万人，排名第一，2010—2020 年均增长率 1.91，排名第一。

的应对。显然，调整生育休假制度的压力来源不同，对生育休假制度的关切就不同，比如，后者容易滑向单方面地增加生育休假，而忽略了生育休假制度关涉的诸主体的利益，以及如何确保女职工在其相关权利的实践域中处理好与诸主体之间的关系，更好地实现生育权利。为此，接下来将地方调整生育休假制度原因作进一步考察与讨论。

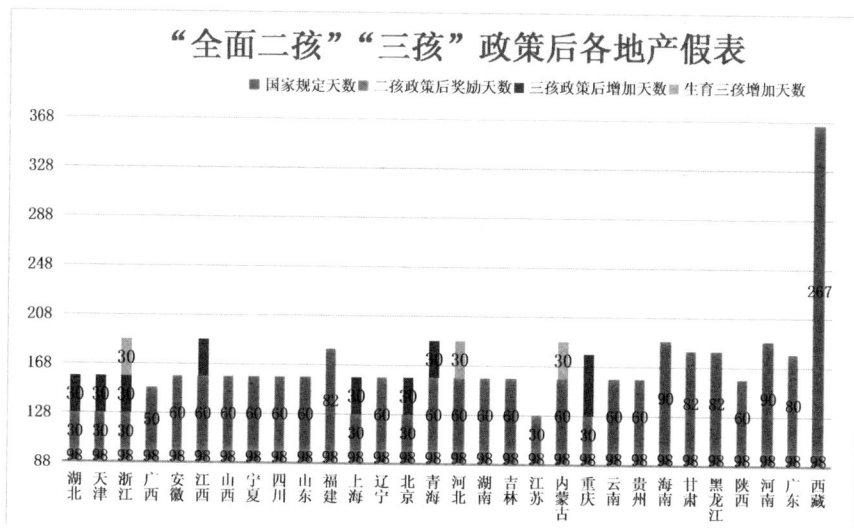

图 4-1

注：延长 3 个月的视作 90 天计，需要单位同意而增加的天数均未反映在图表上。
截至 2022 年 1 月 31 日，各省级行政区生育休假制度，详见表 4-1。

表 4-1　"全面二孩"政策后各省级行政区修订后的生育休假表

类型	全面二孩后 生育假 1	三孩后 生育假 2	全面二孩后 育儿假 1	三孩后 育儿假 2
广东	女：128 日 （2015.12.30） 女：178 日 （2016.9.29）	女：158 日		仕十女 3 周岁以内，父母每年各享受 10 日的育儿假。
	男：15 日陪产假	男：15 日陪产假		

续表

类型	全面二孩后 生育假1	三孩后 生育假2	全面二孩后 育儿假1	三孩后 育儿假2
湖北	女：128 日 (2016.1.13) 男：15 日护理假	女：158 日 男：15 日护理假		3 岁以下婴幼儿父母每人每年享受累计10 日育儿假
天津	女：128 日 (2016.1.14) 男：7 日护理假	女：158 日 男：15 日陪产假		在子女 3 周岁以下期间，用人单位每年给予夫妻双方各 10日的育儿假
浙江	女：128 日 (2016.1.14) 男：15 日护理假	女：一孩 158 日，二、三孩 188 日 男：15 日护理假		在子女 3 周岁内，夫妻双方每年各享受10 日育儿假
广西	女：148 日 (2016.1.15) 男：25 日护理假		产假期满后，经所在单位同意，可享受 6—12 个月的哺乳假	
安徽	女：158 日 (2016.1.16) 男：20 日护理假	女：158 日 男：30 日陪产假		在子女 6 周岁以前，每年给予夫妻各 10日育儿假
江西	女：158 日 (2016.1.20) 男：15 日护理假	女：188 日 男：30 日护理假		在子女 3 周岁以下期间，给予夫妻双方每年各 10日育儿假
山西	女：158 日 (2016.1.20) 男：15 日护理假	女：158 日 男：15 日护理假		子女不满 3 周岁的，夫妻双方所在单位分别给予每年 15 日的育儿假
宁夏	女：158 日 (2016.1.21) 男：25 日护理假	女：158 日 男：25 日护理假		在子女 0—3 周岁期间，每年给予夫妻双方各 10 日育儿假

续表

类型	全面二孩后生育假1	三孩后生育假2	全面二孩后育儿假1	三孩后育儿假2
四川	女：158日（2016.1.22） 男：20日护理假	女：158日 男：20日护理假		子女3周岁以下的夫妻，每年分别享受累计10日的育儿假
山东	女：158日（2016.1.22） 男：7日护理假			
福建	女：158—180日（2016.2.19） 男：15日照顾假			
上海	女：128日（2016.2.23） 男：10日陪产假	女：158日 男：10日陪产假		子女年满3周岁之前，夫妻双方每年可以享受育儿假各5日
辽宁	女：158日（2016.3.23） 男：15日护理假	女：158日 男：20日护理假		子女不满3周岁的夫妻，每年分别累计10日育儿假
北京	女：128日（单位同意可增加1—3个月）（2016.3.24） 男：15日陪产假	女：158日（单位同意可增加1—3个月） 男：15日陪产假		在子女满3周岁前，夫妻每人每年可享受5个工作日的育儿假
青海	女：158日（2016.3.25） 男：15日看护假	女：188日 男：15日看护假		在子女不满3周岁期间，每年给予夫妻双方各15日育儿假
河北	女：158日（2016.3.29） 男：15日护理假	女：一、二孩158日，三孩188日 男：15日护理假		3周岁以下婴幼儿父母双方每年各享受10日育儿假

类型	全面二孩后 生育假 1	三孩后 生育假 2	全面二孩后 育儿假 1	三孩后 育儿假 2
湖南	女：158 日 （2016.3.30）	女：158 日		在子女 3 周岁以内，夫妻双方每年均可享受 10 日育儿假
	男：20 日陪产假	男：20 日陪产假		
吉林	女：158 日—1 年（经单位同意可延长至一年，延长期间按工资原额 75% 计放）（2016.3.30）	女：1 年（经单位同意可延长至一年，延长期间按工资原额 75% 计放）		支持有条件的地方或者企业事业单位设立父母育儿假
	男：15 日看护假	男：15 日看护假		
江苏	女：128 日 （2016.3.30）	女：不少于 128 日		未作具体规定
	男：15 日护理假	男：不少于 15 日护理假		
内蒙古	女：158 日 （2016.3.30）	女：一、二孩 158 日；三孩 188 日		在子女 3 周岁以前，每年给予（夫妻）双方各 10 日育儿假
	男：25 日护理假	男：25 日护理假		
重庆	女：128 日 （2016.3.31）	女：178 日		在产假或者护理假期满后，经单位批准，夫妻一方可以休育儿假至子女 1 周岁止（月工资不低于休假前基本工资的 75% 与当年本市最低工资标准），或者夫妻双方可以在子女 6 周岁前每年各累计休 5-10 日育儿假
	男：15 日护理假	男：20 日护理假		

续表

类型	全面二孩后生育假1	三孩后生育假2	全面二孩后育儿假1	三孩后育儿假2
云南	女：158日（2016.3.31） 男：30日护理假	女：158日 男：30日护理假		符合本条例规定生育或者合法收养且子女不满3周岁的，夫妻双方所在单位分别给予每年累计10日的育儿假。有两个以上不满3周岁子女的，再增加5日育儿假
贵州	女：158日（2016.3.31） 男：15日护理假	女：158日 男：15日护理假		3周岁以下婴幼儿的父母双方每年各享受育儿假10日
海南	女：98日+3个月（2016.3.31） 男：15日护理假	女：98日+3个月 男：15日护理假		在子女0—3周岁期间，（夫妻）每年分别享受累计10日的育儿假
甘肃	女：180日（2016.4.1） 男：30日护理假	女：180日 男：30日护理假		在子女满3周岁前，夫妻双方所在单位应当分别给予每年15日的育儿假
黑龙江	女：180日（2016.4.21） 男：15日护理假	女：180日 男：15日护理假		用人单位每年给予3周岁以下婴幼儿的父母各10日育儿假
陕西	女：158日（2016.5.26） 男：15日护理假（夫妻异地的20日）		所在单位确因特殊情况无法保证哺乳时间并提供哺乳条件的，经单位与本人协商，可以给予3—6个月的哺乳假	

续表

类型	全面二孩后生育假1	三孩后生育假2	全面二孩后育儿假1	三孩后育儿假2
河南	女：98 日+3 个月（2016.5.27） 男：1 个月护理假	女：98 日+3 个月 男：1 个月护理假		在子女年满 3 周岁前，每年应当分别给予夫妻双方 10 日育儿假
西藏	女：365 日 男：30 日护理假			
新疆	女：158 日（2017.7.28） 男：15 日护理假			

注：数据整理截至 2022 年 1 月 31 日。

（一）奖励假越多，是因为当地解决人口问题的压力越大？

很多人认为，一地人口状况越差或生育率越低，地方就越有压力去鼓励人们生育二孩、提高本地生育率，即越需要规定更多的产假天数。因此，产假天数的延长是与鼓励生育因素直接相关的。若是如此，上述表格中产假由高到低的排序就应该大致与各地的人口规模状况和生育率排序趋同。

首先应该明确，人口状况与生育率低并不必然互相等同，一个低生育率的地方，虽然本地新生人口少，但凭借其他优势（主要是经济优势）仍然能通过吸引外来人口，形成一个较好的人口状况。从中国各省区第 6 次人口普查数据（2010）来看，各地普遍处于低生育率水平，而 0—14 岁人口占总人口的百分比上 20% 的有海南、新疆、青海、云南、宁夏、西藏、河南、江西、广西和贵州；小于 15% 的有辽宁、黑龙江、吉林、内蒙古、湖北、陕西、浙江、江苏、北京、上海和天津，其中三个直辖市更是低于10%。将这些人口数据与"全面二孩"政策后的各地产假规定结合来看，第一档（90天奖励假）中除了陕西省和黑龙江省，其他地方与其他省份相比都属于"矮个里拔尖"，并不具有比其他第二（60天奖励假）、第三档（30天奖励假）地区更大的人口压力去延长产假，鼓励人们生育二孩；并列最长鼓励假（90天）的海南、河南，在人口数据中更是名列前茅；与此相对，处在第三档的地区，则是基本处于超低生育水平。当然，第三档的省级行政区里，除了湖北其他地方都有大量劳动力输入，人口整体状况问题不算太突出。2021年年初，第七次全国人口普查数据公布，随之而来的三孩政策实施，《中共中央国务院关于优化生育政策促进人口长期均衡发展的决定》颁布，各地依法组织实施三孩生育政策，从各地对条例的修订来看，最突出的一点就是各地普遍采取延长产假、陪产假、增设"育儿假"等措施，而目前仍为30天奖励假的仅仍未修订的江苏一地。

由此看来，激励生育只是延长产假天数的理由之一，但具体奖励假放多少天，则与当地人口生育压力并不直接相关，它更像是一个表态性动作。三孩政策之前，各地产假延长程度遵循的是其他逻辑，与激励生育的强度并没有太直接联系，三孩政策之后，原本相比于其他地方较少的地区纷纷补齐到平均水平，同样与当地人口生育率与人口数量不存在相关关系。个别地方则在生育休假制度调整中更凸显其对生育数量的奖励作用，但是否具有激励效果仍有待时间考察。

（二）奖励假越多，是更为加强生育女职工权益保障的表现？

那么，从提高女职工生育权利的保障这一视角出发，是否地方权利保障意识越强，奖励假就越高？这同样是有问题的。从权利实现角度来看，权利规定得越好并不意味着权利实现就越好，权利实现取决于不同类型的实践域中的其他相关主体的支持。权利的实现是需要成本的，制度的运作同样是需要成本的，问题在于这一成本由谁支付。女职工要选择生育，在与伴侣达成生育合意的基础上，由于妊娠与哺育婴幼儿自然会挤占掉工作时间，因而其生育权实现所依赖的物质经济条件与产假之后顺利回归工作或生活保障，必然涉及其他主体的支持，而不可能不依赖于他人予以实现。女职工产假的延长，国家可以通过生育津贴而保障女职工在产假期间的收入，同时减少企业在这方面的成本。然而，除此之外企业还有一大块难以量化的成本，如由于女职工休假而需要有可替代的人员，从而继续维系生产经营活动。若国家未能考虑到这一点，以及企业没有与之达成实践共识的话，那么企业完全可以更倾向于招聘男性，或者不生育（或已生育完）的女性，这种实践中的隐性义务是难以规定的（即便规定了也难以落实与惩戒）。因此，若整个权利实现成本最终转嫁到权利享有者身上的话，那该权利实现就是打了折扣，甚至付出更大的代价。

中国现在一般城市的职工家庭，带孩子问题上都是老人（或加保姆）的模式。从子女成长、妇女权益的角度审视，亲子时间不足、代际教育理念差异、哺乳期工作不便等都是严峻的问题。女职工产假时间的延长，确实有利于这些问题的解决，过往一些人大代表或政协委员更是提议产假应延至3年。但是，在缺乏必要的社会条件下，无法贯彻互惠原则的延长产假，反而会导致女性在生育权实现的实践域（尤其是相对域）中更难获得支持，在职场中遭遇各种问题。对于用人单位而言，女职工休产假更意味着必须得有可替代该期间的适合人员。用人单位不可能平时就储备大量替换人员，或者特地去临时招聘一个只需要工作半年的职工，一些具有一定技术或经验要求的职位更是无法通过一般劳务派遣解决。这些都是在法律开放二孩后，人们短期的扎堆生育，或者女职工较多所必然会给用人单位带来的重要问题。三孩政策后更是如此，若用人单位招聘一个未曾生育的女职工，意味着它可能要承担该职工生育三孩所带来的经营成本。因此，如果一个地方缺乏一个成熟的短期劳务的供给市场，同时一味简单地提高女职工的产假天数，那么，不仅相关规定难以落实，女性（或说未育前女性）在整个职场的地位也会越来越处于劣势，即用人单位在同等条件（或男候选者比女候选者差一些）的情况下，有倾向性地录用男性。这是无法通过加强监管而解决的。

当然，我们不能因为不具备相应的社会条件，就放弃这种尝试的努力。从某种意义上而言，这恰好给地方政府一个压力、给市场一个商机，去培育和发展出一个适合产假制度运作的社会环境。但是，若地方政府仍然只是简单地规定一个天数，不制定相应的配套政策与法规，不承担应有的制度改革成本，那就只会让女性权益保障状况越来越差。一旦将整个制度实施成本抛给社会主体自行承担的话，结果只会是由享受生育休假权利的主体，即广大女性同胞去承担，并最终带来整个社会结构性的问题。换言之，从生育女职工权益保障来说明各地奖励假为何更长或更短，实在过于片面与武断。某一权利的保障在现实社会往往是放置于更为复杂的多元权利体系中进行的。当然，各个地方配偶陪产假、夫妻共同育儿假的规定对权利实现来说是个重大的进步，因为生育子女并非只是女性的责任，而是夫妻双方的责任。男方休陪产假、育儿假对产妇和婴儿的健康、就业的平等、家庭社会关系的和谐等有积极作用。其中，河南、云南和甘肃长达一个月的陪产假，以及陕西、安徽特地区分出异地的情况所体现出来的人性化思想，都是值得肯定的。

（三）奖励假越多，是因为当地经济结构的制约性越弱？

既然这样，那从经济发展或用人单位利益因素来考虑呢？由于长时间的产假涉及女职工的生育与工作，既与一个社会人口与经济的可持续发展相关联，又影响一地既有用人单位的经营成本和当前劳动力市场的供给与需求状况。因此若按此逻辑来看，这一因素应该是确定奖励假长度的重要因素。

例如，东三省等地区，社会老龄化问题严重，年轻人口大量流失，且经济发展主要依赖于国有企业。国有企业凭借其相对垄断地位，追求效益的动力并没有别的私有企业强，而且人事方面也比较固化，比较好管理的同时，对外吸引力不足，因而急需提高本地人口的生育率以保证未来的劳动力补给。但是，如经济发达的长三角地区，则完全可以依赖于其本身多元化经济结构，吸引大量的外来人口补充低生育率导致的劳动力缺口。这种状况下，保持自身当前经济的良好态势就显得更为重要，因此，在确定产假天数时就不得不着重考虑到本地企业的利益因素。因此，经济水平或市场化程度比较高的地区，在产假规定上都比较保守；重庆和北京虽规定了更长的弹性期间，但也设定了需用人单位同意批准的条件，赋予了企、事业单位自主权。

然而这一分析无法拓展到更多的其他省区，如广东属于经济发达省份，有着多元化的经济结构，既吸引了大量的外来人口，本地人口又具有较强的生育驱动力，生育率在中国各省级行政区里名列前茅，因而产假规定完全可以十分保守，然而实际却与此分析相悖。全面二孩政策实施后，2016 年 9 月 29 日修正的《广东人口与计划生育条例》规定，"符合法律、法规规定生育子女的夫妻，女方享受八十日的奖励假，男方享受十五日的陪产假"，已然属于第一档的范围。而且，从全面二孩政策实施后先后形成的三个梯度奖励假，同一梯度或不同梯度的省级行政区之间，很难说它们彼此的经济发展或经济结构就相似或相异。也就是说，经济结构对生育休假制度的具体形成、制约性并没有我们所设想的那么凸显。

二、未来产假制度完善的方向

正如前述所言，奖励假越多，并不就意味着生育女职工权益保障得到了加强。而问题的根本，还在于是否生育休假越多，生育激励作用越强？以及如何设计生育休假制度，才能更好地实现生育激励？相比于中国在国家层面仅有生育休假制度，[①] OECD（Organization for Economic Co-operation and Development，经济合作与发展组织）不少国家在设置了 3—5 个月产假后，还有 6—35 个月育儿假。产假平均为 4.5 个月，育儿假平均为 9.2 个月，陪产假平均为 1 周。根据 2016 年的统计，75% 的 OECD 国家拥有 3—5 个月产假，产假平均为 18 周；56% 的 OECD 国家拥有 6—35 个月的育儿假，也有 12 个国家没有设置育儿假，OECD 国家育儿假平均为 37 周。根据 OECD 恒大研究院对 Family Datebase 的数据分析来看（图 4-2），女性休假长度和生育率高低相关性很弱。在他们看来，其原因在于"延长女性休假时间与保障其就业权益存在一定矛盾。产假过长可能会让女性在职场中面临更大的歧视和排斥，提高就业门槛、降低职业升迁机会"[②]。笔者对此是同意的，这正如之前所分析的，女性享有产假或育儿假的权利，会与其自身的其他权益以及他人的权益发生冲突，进而在社会结构中沦为权力关系，而大部分的女性

---

① 目前我国各个地方基本都规定了陪产假或护理假，另有部分地方规定了父亲假或育儿假。
② 任泽平，熊柴，周哲. 中国生育报告（2020）［R/OL］. （2020-04-06）［2022-01-01］. http：//news. hexun. com/2020-04-06/200906945. html.

是处于弱势地位的。这就演变成，越发保障女性于其中的休假权益，越加使其陷入不利的社会结构中。

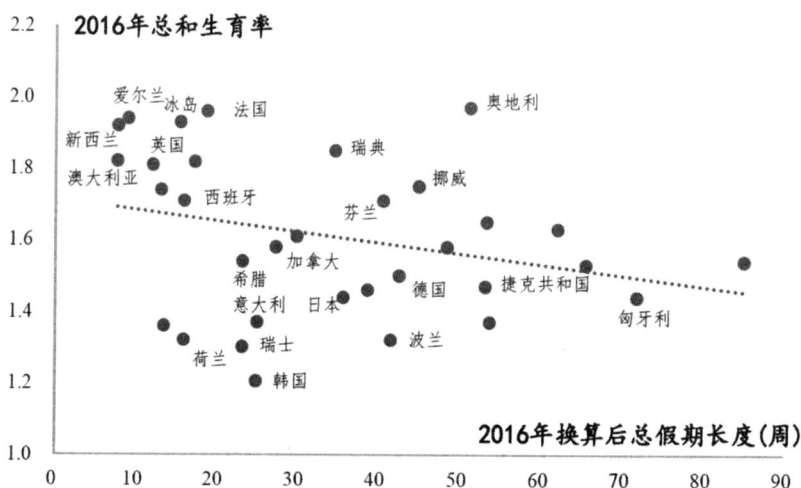

图 4-2　女性休假长度和生育率高低关系图
注：图表来自任泽平等，《中国生育报告（2020）》。

　　然而，这并不意味着如恒大研究院的报告里所称，仅仅将保障女性休假"与规范劳动力市场、加强女性劳动权益保障、完善父亲陪产制度的举措同步推进"即可解决问题，因为这里问题的关键不在于女性权利保障的不够，而是企业的权利也需要被纳入一同考虑，重要的不仅仅是女性权利如何更好地保障，而是女性职员与企业之间的关系如何更好地维系以达到保障女性权利的目的。首先，完善父亲生育休假制度，其最重要的目的是鼓励夫妻共同承担家庭事务和育婴责任、通过更多的陪伴缓解女性产后情绪等问题，而非缩小男女性在生育问题上受到的影响程度，因为不论怎样，都不可能让两性休假长度一致。两性不同的生理结构决定下的养育责任也是不同的，所以通过这种方式试图缩小男女性在生育问题上受到的影响程度的努力实际是困难的。更为妥当的做法是，让男性通过别的方式补偿女性在生育问题上受到的影响，而这种补偿需要于劳动力市场层面呈现出来。简单地说，也即从企业视角出发，除开特殊的职业需要，不需要休产假的男性职员与需要休产假的女性职员应该是等价的，都要承担同样的损失或获得同样的利益。只有做到这一点，才是真正意义上的男女平等，也才能真正做到规范劳动力市场、保障女性劳动权益和落实产假制度。

如果站在男女职场等价的视角，以缩小男女性在生育问题上受到的影响程度为目标来看待产假制度的话，产假的长短除了受到传统女性身体恢复、婴儿哺乳照顾需要的影响外，还需要考虑女性由于生育所受到的影响程度大小，以及能够通过制度予以弥合两性差距的限度。依循这样一个视角，一些激励生育的措施就可以得到更深刻的理解：（1）夫妻共享育儿假，如法国设置了 1 年的夫妻共享育儿假，育儿假期间雇主不支付工资，由法国家庭补助局（CAF）提供 396 欧元/月的津贴，实际是增加男性受生育影响的程度，且由国家承担企业由此受到的损失；（2）生育保险制度，实际是减少女性受生育影响的程度；（3）企业可以依据其休产假的女性职工数量（不能仅根据女性职工数量，会助长企业隐性地歧视未婚或未育女性）享受相应的税收优惠，降低企业产假制度实施的成本的同时，也是为了减少女性在职场中受生育影响的程度；（4）男性职工必须参加生育保险，且可以给未就业配偶使用，实际上是增加男性受生育影响程度，但在设计上，由于就业女性也要交付，因而并不能取得好的效果及实现弥合两性差距的目的，更适当的做法是由男性交付生育保险费，女性享受生育保险，也即男性应当作为整体承担这一社会责任；（5）普惠性的或者具社会福利性质的托育机构，则是能够大大减少女性受生育影响的程度，让女性能够继续选择就业或尽快回到原来的工作岗位，也正是在这个意义上，托育制度是一种更普遍的生育激励制度，2014 年 OECD 国家的相关数据（图 4-3）也说明，入托率越高，生育水平越高。①

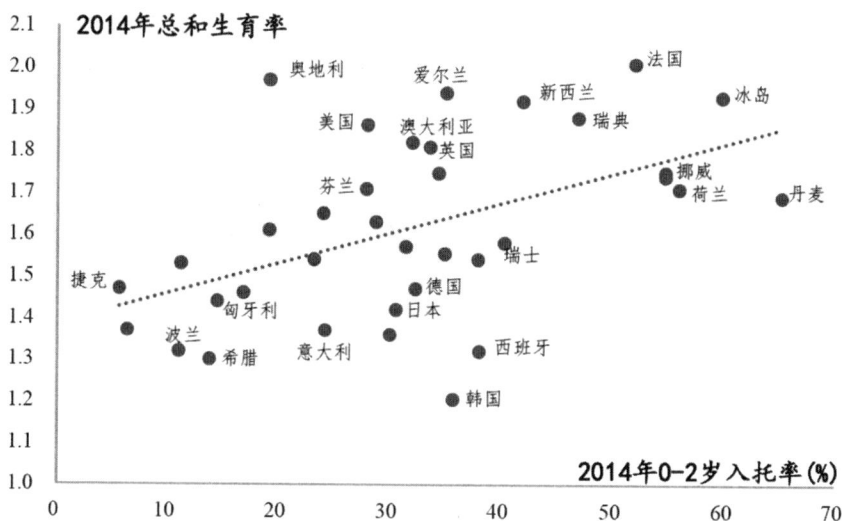

图 4-3　入托率与生育水平关系图

对于许多家庭来说，孩子能否进入托幼机构，关系到监护人是否能够选择继续就业或不得不失业，产假后能否恢复原来的工作岗位，也取决于附近有没有可以就读的托幼机构。在中国，由于其独特的家庭伦理文化，隔代照顾较为普遍，然而随着退休年龄的推后，孩子数量的增加，代际间抚养理念与生活习惯差距的扩大，城市住房的高昂与居住空间不足等情况，导致这种隔代帮忙照顾的现象将越来越少。因此，不论是相比于产假制度本身，还是托育制度本身，其确立与完善对生育率的提升都有重要意义，下一节笔者将着重予以论述。

---

① 任泽平，熊柴，周哲．中国生育报告（2020）［R/OL］.（2020-04-06）［2022-01-01］. http://news.hexun.com/2020-04-06/200906945.html.

三、可以考虑的产假制度方案

生育假期制度设计的前提，是要了解当前育龄人群对生育休假的欲求，这构成了此项待实现权利的具体内容。在调查了职工对产假天数的满意度、生育保险的落实情况、产假期间收入水平变化情况、怀孕妊娠育婴期间遇到的困难，以及各类"陪产假""护理假""父亲假"的实际运行情况。可以发现，当前育龄人群对生育假期的欲求呈现出理性化、双性化、弹性化的特征。

第一，生育休假需求理性化。与呼吁延长产假的声音不同，受访女性普遍对现行产假天数感到满意，不满意或非常不满意的仅占受访人数的10.3%。造成这种现象的原因可能来自两方面：一方面，当前产假时长（浙江98天法定产假再加30天奖励假）给受访者的生育活动带来了较为积极的影响；另一方面，过长时间的休假可能会对工作造成负面影响，仅有29.3%的受访者表示不担心或完全不担心长时间休假后回到工作单位岗位会发生调动。这表明大多数受访者能够理性看待产假时长。第二，生育休假需求双性化。现行产假制度下，更突出的问题在于育婴人手不足、心理压力大、产后恢复等问题，这并非仅靠延长女性休假时间就能解决。多数女性受访者希望育儿过程中丈夫能够提供一定的协助，这与双性抚育的理念是一致的。目前全国多数省份都出台了男性陪产假政策，宁夏近期还在陪产假的基础上增加了10天"共同育儿假"。此类假期与之前无假期相比已经取得了很大的进步，但是与实际需求相比，我国男性参与生育活动的时间还是十分有限。第三，生育休假需求弹性化。生育活动的特点决定了父母在生育活动的初期（0—3岁）中几乎是7×24小时待命，尤其是在婴幼儿患病期间。因此，固定期限的"父亲假（针对男性在配偶产子后享受的假期）"与"共同育儿假

（《宁夏回族自治区妇女权益保障条例》）"在现实中难免会遇到捉襟见肘的情况。因此，弹性的"三阶梯度生育休假"模式更符合受访者期待。80%以上的受访者对"三阶梯度生育休假"模式表示认同。这说明对于家庭来说，需要的不仅仅是父母各自享有固定的假期，而是更为弹性、更为人性化、更为符合每个家庭情况的休假方案。目前大部分地区的"女性产假+男性护理假"模式显然缺乏对不同家庭需要的包容性。

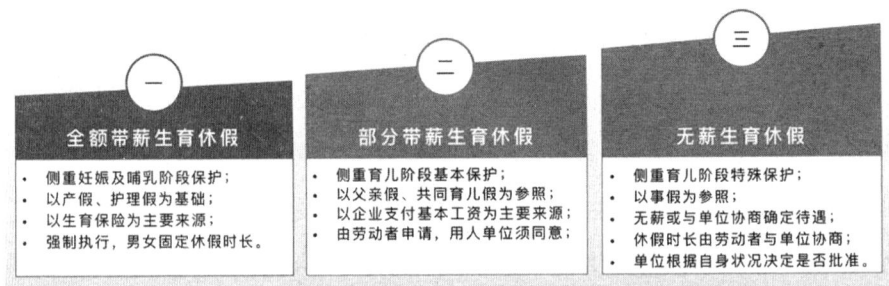

一

全额带薪生育休假

- 侧重妊娠及哺乳阶段保护；
- 以产假、护理假为基础；
- 以生育保险为主要来源；
- 强制执行，男女固定休假时长。

二

部分带薪生育休假

- 侧重育儿阶段基本保护；
- 以父亲假、共同育儿假为参照；
- 以企业支付基本工资为主要来源；
- 由劳动者申请，用人单位须同意；

三

无薪生育休假

- 侧重育儿阶段特殊保护；
- 以事假为参照；
- 无薪或与单位协商确定待遇；
- 休假时长由劳动者与单位协商；
- 单位根据自身状况决定是否批准。

图 4-4 三阶梯度生育休假示意图

为此，我们需要在相对域的权利实现中，综合考虑所涉的各主体权益，以互惠原则为主，兼采同意原则与补偿原则，统筹构建"三阶梯度生育休假制度"（图4-4）。根据国家配套支持措施的提法，以"生育休假"作为对各类由于生育（妊娠、陪产、育儿）需要而产生的各种休假的统称，具有合理性。三阶梯度生育休假的构建可以通过专门立法和制度整合的方式共同推进。一方面，专门立法更具规范性和权威性，但周期较长、工作量大，不利于对现实需求做出及时回应。另一方面，按照三阶梯度生育休假的理念整合现行产假、护理假、事假等相关制度，在实践中具有较强的制度延续性、可操作性和政策包容性，可部分补足专门立法的不足之处。与此同时，地方立法机构具有天然的正当性、合法性与权威性，在协调各方利益过程中可保持独立性与中立性，因此可作为制度整合的最佳统筹机构。简言之，可依托地方立法机构，统筹构建更具包容性的"三阶梯度生育休假制度"。① 为了统筹和平衡各方问题，地方立法机构可通过决议形式推动"三阶梯度生育休假制度"的建构，可采取试点推行的方式，进而打造成为该制度的示范区。但在对现行制度进行整合时，各地应重点关注企业劳动力成本变化、劳动者职业发展、社保基金收支平衡等问题。

（一）以"产假""护理假/陪产假"制度为基础的"全额带薪生育假"

三阶梯度生育休假的第一阶段，由于女性在怀孕、分娩、育婴活动中具有不可替代性，因此"全额带薪生育假"将以女性作为主要对象。根据我国《劳动法》《女职工劳动保护特别规定》，现行女性产假的基础是98天，各省在此基础上又增加了一定数量的奖励假，并规定了15—30天不等男性护理假或陪产假。在此期间，以生育保险为基础，女性在经济上将获得生育津贴的支持，但各地女性产假的奖励假、男性的护理假内的工资、奖金和其他福利待遇却不一定得到同样的支持，各地方有不同的做法，大多数更是由企业自己承担，影响企业积极性。护理假是确保男性履行适当的家庭育儿责任与缩小男女之间在产假制度上的差异。因此，可直接在现行产假、护理假/陪产假制度的基础上调整构建国家支持的"全额带薪生育休假"。

① 本方案由黄镇，浙大城市学院讲师，法学博士；阮泪君，浙江大学立法研究院、浙江立法研究院助理研究员，法学博士；谢郁，广东工业大学讲师，法学博士共同提出。该方案成果同时也承中国法学会部级研究课题"家庭生育假立法问题研究"〔CLS（2018）Y17〕资助。

（二）以"父亲假""共同育儿假"等为参照的"部分带薪生育休假"

三阶梯度生育休假的第二阶段，其主要目的在于分担女性在育儿中面临的压力。我国目前大多省份已经有"父亲假""（共同）育儿假"等政策。此类假期大多有以下问题：一是时间固定且不能拆分使用；二是育儿假是否仅限于工作日不确定；三是要求全额带薪；四是仅是鼓励用人单位给予育儿假。这使得此类假期缺乏对不同家庭需求的包容性，且全额带薪会加重用人单位的经济负担，这会导致用人单位对男性休假采取更为消极的态度，尤其是仅作鼓励规定的地方条例。不同于产假和护理假，此种"部分带薪生育休假"，男女皆可申请，由劳动者根据自己情况在固定总天数内提出申请（如瑞典规定男女双方各有 90 天假期不用即作废，且假期无需一次使用完），用人单位应当或经由协调后同意，且仅须支付基本工资，但为了兼顾企业与家庭，应限定在子女 3 周岁以前。这样做的目的有三：其一，父母双方可以按照家庭的实际情况决定由一方或双方同时休假，增加了婴幼儿抚育期间的灵活性；其二，男女共同享有休假权利，有助于消减就业市场中的性别歧视，增加女性生育意愿；其三，用人单位对于此阶段休假只需支付基本工资，在一定程度上降低用人单位的经济负担。

（三）以"事假"为参照的"无薪生育假"

三阶梯度生育休假的第三阶段，主要目的在于应对抚养婴幼儿过程中出现的疾病、意外等特殊情况。调研的受访者中便有因此而不得不辞职在家的情形。因此，为了应对这种特殊情况，可以参照"事假"的标准制定"无薪生育假"，父母双方皆可申请，用人单位可根据劳动者面临的具体情况，以及企业自身经营状况决定是否批准、休假长度以及休假期间待遇问题。由于只是参照事假，而并非事假，因此可以突破劳动法中一年至多不可超过十个工作日的限定，以及超过 5 天的事假必须提前一周提出的规定，但应限于子女 6 周岁以前。

第二节　托育供给制度

　　普惠性托育服务的供给是女性得以在产后尽快回归工作，以及应对少子化加剧的重要举措。这一功利理由背后，密切关系着儿童权利的实现，男女平权的可能和国家社会的未来。狭义的托育服务，指为 3 岁以下婴幼儿提供补充父母的照顾与教养服务。然而，自 20 世纪 90 年代以来的国有企业改制、福利市场化等改革的进行，中国的托育服务就陷入了泥沼：福利性质的托育服务体系逐步崩溃、几近消失，[①] 而市场主导的托育服务体系则制度缺失、问题频发。[②] 党的十九大报告中七项重点民生任务之一，就是健全托育服务体系，实现"幼有所育"。2019 年 10 月 24 日，国家发展改革委、国家卫生健康委印发《支持社会力量发展普惠托育服务专项行动实施方案（试行）》（发改社会〔2019〕1606 号），激发社会力量参与积极性，着力增加三岁以下婴幼儿普惠性托育服务有效供给，国家通过中央预算内投资重点支持两类托育服务设施建

---

① 2017 年国务院妇儿工委在四省市的调查数据为：48% 的家长有需求，而调研样本中实际的入托率为 4.3%。另外，根据教育部统计，2017 年 3 岁以下（不包括 3 岁）学前教育机构在园人数中，在民办学前教育机构的比重为 81.4%。数据引自杨菊华．理论基础、现实依据与改革思路：中国 3 岁以下婴幼儿托育服务发展研究［J］．社会科学，2018（09）：89-100；"学前教育分年龄组儿童数（总计）"表．中华人民共和国教育部［R/OL］．（2018-08-06）［2022-01-01］．http：//www.moe.gov.cn/s78/A03/moe_ 560/jytjsj_ 2017/qg/201808/t20180808_ 344717.html.

② 如上海携程亲子园虐童事件、2017 年北京红黄蓝幼儿园虐童事件，2018 年南京爱家暮童服务中心虐童事件，2019 年昆明托幼机构虐童事件；2019 年杭州艺乐宝贝儿童早教机构经营危机停课整改、北京凯斯国际幼儿园停业负责人失联、北京朋恩日拖欠费闭店等。

设：一是承担一定指导功能的示范性托育服务机构；二是社区托育服务设施。

托育服务体系涵盖国家（政府）、社会、市场和家庭四方角色，国务院颁布的《关于促进 3 岁以下婴幼儿照护服务发展的指导意见》（国办发〔2019〕15 号），明确以"家庭为主，托育补充""政策引导，普惠优先"等为主要原则。但问题在于：①作为补充的托育服务供给中，由社会抑或市场供给为主？它们都可视为社会力量，但却代表两种不同供给模式；②当前国家对两类托育服务设施建设重点投资，这一方式能否实现"普惠性托育服务有效供给"这一目标？③"政策引导"的提法与国家（政府）在婴幼儿成长所应承担的责任或要实现的目标是否相匹配？当前学界关于社会和市场关系，可分"社会化强调说"[①]、"市场化主导说"[②] 和"同等重要说"。[③] 这些思考是有益的，但又都驻足于对市场化或社会化的进一步探讨之前。比如，怎样鼓励和促进社会化需要的非营利性组织的发展，怎样发挥市场的作用或避免市场化的弊端，以及国家（政府）发挥主导作用是否只需要监管和立法等讨论仍在表层，从而更多的是表明一种价值立场，而非模式构建。为此，本节在回顾自新中国成立以来采取的不同托育供给模式的基础上，深入分析作为基本类型的市场化与社会化模式，并结合日本保育制度的经验讨论当前中国发展普惠性托育服务可能存在的问题，最终寻找一种可以期待的兼容模式。

---

① 主张制度设计上强调社会化，更多依赖于非营利性组织来提供托育服务。代表如胡敏洁. 学龄前儿童照顾政策中的公私责任分配 [J]. 北京行政学院学报，2019（2）：76-82.

② 主张市场为主体，但需完善托育服务政策及管理。代表如杨雪燕，井文，王洒洒，高琛卓. 中国 0-3 岁婴幼儿托育服务实践模式评估 [J]. 人口学刊，2019，41（1）：5-19.

③ 主张市场和社会是托育服务供给的重要力量，需要避免过度市场化的弊端及鼓励非营利性托育服务的发展。代表如岳经纶，范昕. 中国儿童照顾政策体系：回顾、反思与重构 [J]. 中国社会科学，2018（09）：92-111，206.

一、中国托育供给模式的变迁

中国托育制度的变迁，深嵌于整个经济体制的变革。在从计划经济到市场经济的转变过程中，从作为单位"福利"的托育到作为个人"商品"的托育，国家与社会从托育服务供给中退场，将其抛回了家庭与市场。目前，中国不存在一个专门独立的由系列政策、法律及规范构成的托育制度体系，而主要是以儿童照顾制度的形式，分散在社会救助、教育、就业、人口等多个领域。由于既有研究已较详细地展示了中国托育制度的历史变迁，[①] 本书仅就其涉及的托育供给模式及存在问题作论述。

（一）新中国成立初的计划型的托育国家化模式

计划经济时期，家庭从作为照护婴幼儿的主要角色中淡出，由单位（集体）接管。这种依托单位（集体）的托育供给模式，将照护婴幼儿从家庭责任中剥离出来，经由社会化而成为国家责任。通过集中托育，解放出原本需要各个家庭单独照护孩子的大量妇女劳动力。一方面，1957 年处于社会主义经济体制初步建立与"大跃进"开始大力推进"工业化、现代化建设"的节点，需要大量的劳动力，因而妇女工作也"必须坚持以生产为中心""发动妇女参加社会主义建设事业";[②] 另一方面，新中国成立以来实施的积极人口生育政策，总和生育率一直维持

---

① 详情见庞钊珺，杨进红，李玉芳. 学前教育简史 [M]. 成都：西南财经大学出版社，2018；岳经纶，范昕. 中国儿童照顾政策体系：回顾、反思与重构 [J]. 中国社会科学，2018（9）；史慧中. 中华人民共和国幼儿教育 50 年大事记（一至六）[J]. 幼儿教育，1999（10）~2000（3）；等.

② 曹冠群. 全国妇女工作会议总结报告 [M]//中国妇女管理干部学院. 中国妇女运动文献资料汇编（第 2 册 1949-1983）. 北京：中国妇女出版社，1988：370.

在 5~6 之间,① 若单位（集体）不提供托育服务的话，意味着每个女性在生产力（同时也是生育力）最佳的年龄阶段中，基本无法参与社会主义建设与学习。因此，在国家看来，托育社会化能够，①解放妇女劳动力，"使她们能和男子一样参加生产，进行政治文化技术学习"；②"使孩子受到比较良好的教养"；③彰显"集体生活福利事业的优越性"。② 然而，这种模式极度依赖于计划经济体制，由于国家对国民经济各方面实行全面的计划管理，把单位置于行政部门附属物的地位，单位自然成了国家的延伸，并接管了社会的功能。而且，单位既不能自主经营，又不能自负盈亏，因而供给的服务质量取决于国家（集体）的指令性计划、资源分配和政治动员。概言之，计划经济时期的社会化托育模式，必须有国家强大的外力支持。因此，它实质是计划型的托育国家化模式，是在计划经济背景下，国家消解社会后所呈现出的一种极端模式，这种模式也就是社会域的权利实现模式。在此模式下，公民托育欲求的实现，被视为需要完全依赖于单位、集体或国家积极作为的结果。

这种计划型的托育国家化模式，普惠且增速惊人,③ 但有着明显瓶颈：其一，托育作为福利事业，意味着高额的运营成本。当其发展速度超过了经济发展速度，且国家财政未作一定倾斜时，所谓"普惠"的托幼服务自然只能是低成本托育，大多更是难以为继。其二，托育体系

---

① 详见《1940 至 1992 年全国及分城乡的总和生育率》表 3-7//姚新武，尹华. 中国常用人口数据集 [S]. 北京：中国人口出版社，1994：144.

② 进一步动员全国妇女热烈投入增产节约运动的新高潮——全国妇联召开的省、市、自治区妇联主任扩大会议通报 [J]. 中国妇女，1959 (17).

③ 1959 年全国妇联召开的省、市、自治区妇联主任扩大会议，通报显示："仅从全国托儿所受托的儿童来看，1958 年比 1957 年增加了约七倍，从全国幼儿园受托的儿童来看，1958 年比 1957 年增加二十六倍。"参见进一步动员全国妇女热烈投入增产节约运动的新高潮——全国妇联召开的省、市、自治区妇联主任扩大会议通报 [A]，中国妇女，1959 (17).

的管理、运营与分配不合理。教育部经营管理的一小批示范性托育机构提供的托育，国家机关、事业单位以及共有集体等单位提供的作为职工福利的托育，居民会针对在不提供托育的城镇集体企业工作的职工提供的托育，以及农村人民公社和生产队等集体提供的托育，这些分散的托育供给由于国家再分配功能不足、城乡经济差异而水平差距巨大。总体而言，作为"福利"的托育，与国家的经济发展水平与财政分配制度密切相关，一旦国家开始撒手、集体化退化，就不得不面临消亡，而这也就是90年代经济体制改革以后，单位（集体）式托儿所的命运。

（二）20世纪90年代后的抑制型的托育市场化模式

20世纪90年代以后，婴幼儿照护和教育责任重归家庭，[①] 市场侧重于满足儿童早期教育的需求。这一时期，市场替代了国家出场的同时，却被国家严格地限制准入，可称为"抑制型的托育市场化模式"。市场经济下，单位、集体不再承担提供作为福利的托育服务的巨大成本，导致家庭必须面临个人、孩子与家庭利益间的巨大张力。对于社会而言，市场的逻辑必然会促使托育服务作为商品来供给，但当时的计划生育制度决定了托育需求的基本规模，以及国家对托育服务的基本态度，致使市场不可能充分发展起来。具体而言：一方面，中国城镇长期严格实施"一孩化"的计划生育政策，大部分家庭只能有一个孩子，动员整个家庭（尤其是祖父母一辈）的力量照护小孩并非十分困难的事，普遍低质量的托儿所成为一个较弱选项。在总体托育需求不足的情况下，市场自然难以发展，街道、小区等托儿所逐步消失。另一方面，

---

① 1988年8月1日，国家教委等8部门联合制定《关于加强幼儿教育工作的意见》，明确"养育子女是儿童家长依照法律规定应尽的社会义务，幼儿教育不属于义务教育，家长送子女入园理应负担一定的保育、教育费用。"参见中华人民共和国国务院公报［A］. 1988-09-10（18），592.

为了确保计划生育制度的全面落实，抑制人们生育意愿是必要的，这也就导致了国家在托育行业的市场准入上，进行消极、含糊地处理。2018年以前，中国及各级地方政府在针对儿童教育的各项政策法规中并没有针对 0~3 岁儿童托育机构的明确规定，也没有出台一套完整清晰的申办手续。① 既有的民办托儿所，大部分属于过去集体转为民办的老托儿所，民间想要申办托儿所，则会面临由于既没有民营托儿所的设立标准，也没有明确的主管部门和颁发证件部门而无法申办的问题。② 为此，通过工商部门申办培训类的营业执照成了替代性方案，这也正是目前市场上多为早教中心等营利性民办培训机构的原因。然而，这类机构能否设立，很大程度上取决于地方工商部门的态度，以及与教育、妇联等不同部门间的关系，加之定位模糊而始终存在着一定的政策风险。

这种抑制型的托育市场化模式，实际是将公民托育的欲求视为个人域的权利实现，即不必然依赖于他人、地方政府或国家的积极作为即可实现。在实施全面二孩政策与仍未实行育儿假制度的今天，以个人域的权利实现作为构建托育供给制度的原理，问题尤为凸显。它不但没能提供普遍廉价的托育服务，反而催生出失衡高额的儿童早教市场。③ 儿童照护本应优先于早期教育的满足，实际却相反，成为在儿童教育主导下兼或开展的增值项目，如采取"托管服务—课程模式"等这种错位供给，大大堆高了养育孩子的成本。④ 如果缺少祖父母辈的帮忙，一般家

---

① 1985 年 12 月卫生部颁发的《托儿所、幼儿园卫生保健制度》和 2011 年修订的《托儿所幼儿园卫生保健工作规范》，仅对卫生保健方面作规定。
② 刘娉婷，等．80 后小时候上的那类托儿所为什么消失了［N］．（2017-11-10）［2022-01-01］．https：//www.cbnweek.com/articles/normal/19289.
③ 以"不让孩子输在起跑线上""激发孩子天赋"等口号，0—6 岁儿童早教市场发展迅猛，从国内主要早教品牌的课时收费来看，价格在 100—350 元区间。参见中商产业研究院．2018 中国早教行业市场研究报告［R］．2019-01-07，25.
④ 从 2019 年 7 月于大众点评检索的数据看，一线城市中带有托育性质的服务价格从每个月 1000 到 3 万以上不等，价格差距巨大，且主要区间在 5000—6000.

庭难堪婴幼儿照护的重任，妇女面临着孩子照护与工作的零和选择。根据一项全国多地的调查，全职受访母亲中约三分之一因孩子无人照料而中断就业。① 可见，托育贵与托育难，已成为掣肘人们生育实践的一个重要因素，堆高家庭育儿成本的同时，深化不同阶层的差别。

二、托育供给的市场化与社会化模式

若说扭曲的儿童早教市场，与中国 20 世纪 80 年代至全面二孩实施前的以遏制人口过快增长、使之适应经济发展的计划生育制度相互成就的话，那么在全面二孩政策实施的当下，国家开始意识到应当鼓励 3 岁以下婴幼儿托育行业的发展，并出台了相应的指导意见。在地方层面，上海市更是率先制定了 3 岁以下幼儿托育机构的设置标准和管理暂行办法等相关规定，使得托育市场准入有法可循。整体托育需求规模的扩大，以及有了一套明确的市场准入标准与手续，托育服务同时面临大量商业资本的拥入②和中央预算内的重点投资，托育服务供给体系到底如何建构？也即公民以获得普惠性托育服务为内容的生育保障获得权，应当被视作何类实践域而给予实现？新中国成立以来已经展现出典型的社会域与个人域两类不同的权利实现模式，而它们各自的问题正是由于对权利实践域的错误定位所带来的。因此，我们需要将公民获得普惠性托育服务的欲求置于相对域的权利实现进行考量，其中，基于更依赖于市场主体或是社会主体的积极作为，衍生出市场化与社会化两种基本类型。

---

① 上海市托幼协会 . 0—3 岁托育行业各国政府政策对比［N/OL］. (2019-03-04)［2022-01-01］. http://www.shstyxh.com/shtyxh/index/news/newsDetail？id=1258.

② 参见 More Care 与腾讯教育共同发布的《中国 0—3 岁儿童托育服务行业白皮书》；艾媒咨询发布的《2019 全球及中国婴幼儿托育产业现状与发展趋势报告》；前瞻产业研究院作出的《2019—2024 年中国托儿所服务行业市场前瞻与投资战略规划分析报告》等。

（一）市场化模式：市场的特征及局限

托育的"市场化"，主要是通过婴幼儿的父母等监护人，并"引入企事业单位间竞争的机制"。① 核心是自由选择与市场竞争，试图由营利性企业设置、运营的托育机构，通过市场竞争提高托育服务供给的效率，发挥价格的调整供求和反映质量功能，促进与利用者的多元需求相适应的高质量托育服务的创造。然而，问题在于，市场化的结果并不一定符合上述预期，因为它与托育服务的质量并没有直接关系。

根本上而言，"市场"是通过"价高者得"来解决经济竞争的一种制度安排。被誉为"现代营销学之父"的菲利普·科特勒，从"交换和关系"的概念中导出了市场的概念——市场是"某种产品或服务的实际购买者和潜在购买者的集合"②。以此为基础，可作如下探讨：第一，产品或服务在经济学里称为物品（goods），指的是一切"有胜于无"的东西，可分为"经济物品（economic goods）"与"免费物品（free goods）"两大类，而经济物品是其中"多胜于少"的物品。③ 第二，从物品的定义中，我们可以了解到市场中"缺乏"与"竞争"是必然状态。"多胜于少"是"经济物品"的定义，也是"缺乏"的定义，而当"一种经济物品的需求有多于一个人的需求"时，④ 就产生竞争。"多于一个人的需求"实际也就意味着存在"购买者和潜在购买者的集合"。第三，由缺乏而引起的竞争需要规则决定胜负，而决定胜负规则有很多，如按照排队顺序、论资排辈确定，或通过武力解决、政治

---

① 平冈公一. 社会サービス市场の諸論理と国際比較研究の可能性 [J]. 社会政策，2017，9（2）：75-86.
② [美] 菲利普·科特勒，加里·阿姆斯特朗. 市场营销原理（第14版全球版）[M]. 郭国庆，译. 北京：清华大学出版社，2015：9.
③ 张五常. 经济解释（2014增订本）[M]. 北京：中信出版社，2015：97-98.
④ ibid，101.

手段、人际关系等解决，市场乃是其中的一种——"价高者得"。因此，市场秩序可以达到一种欲求的状态：人们努力增加生产、尽力赚钱，从而获得更大的取胜机会；同时所有产品和服务为了尽可能免于失败，都按照可能达到的最低成本进行生产，但问题在于降低成本不一定需要建立在提高生产力的基础上。

根据上述界定，我们可以延伸出市场的两项重要特征：其一，市场是以价格为基准的行动协调机制。价高者得的核心的是"价"，虽然社会上每个人的兴趣、需求、财富等都不相同，但市场价格是人人所共知的，只要基于市价就可以做诸多基本的经济决策，比如要以怎样的价格购入或沽出，是否存在比较成本优势，该选择何种专业生产等。因此，经由对生产诸要素之价格的决定，以及"市场始终激励着每个个人在追求他自己的目的的过程中使用他自己所拥有的有关特定机会和可能性的独特知识"，才使得市场这种高效率调动社会资源的整体性秩序得以形成。① 其二，市场是结果不可预见的竞争。稀缺产生了竞争，但同时唯有竞争才能够发现稀缺，使其成为经济物品，进而形成更多元的产品组合，此乃竞争的自然结果。而且，这是谁都无法预见的结果（人们只清楚竞争规则），因而"某些特定的预期或意图会受挫乃至落空"。② 然而，竞争的运作若能被视为正当的，一个最重要的依据就在于此。这也同时意味着，所有人都必然要承担竞争失败而随时被淘汰的风险。正是这种风险提供了积极改善经营的动力，也带来了弱势者失败（贫富差距扩大）的结果。

通过对市场本质及特征的分析，可以清楚看到托育市场化的局限。

---

① ［英］哈耶克. 政治思想中的语言混乱 ［C］//邓正来，选编，译. 哈耶克论文集. 北京：首都经济贸易大学出版社，2001：34.

② ［英］哈耶克. 作为一种发展过程的竞争 ［C］//邓正来，选编，译. 哈耶克论文集. 北京：首都经济贸易大学出版社，2001：443.

其直接关联的是托育价格，而非托育质量，以及围绕着价格的低成本生产、高效率调动社会资源、多元产品组合和竞争淘汰风险等。一般来说，健全的市场，消费者能够正确确认商品的质量，并通过支付与其质量相应的等价物而成立。然而，①对包括监护人在内的外部人士来说，了解孩子实际接受的托育质量是非常困难的，① 而且，对负有监管责任的政府而言，也缺乏对"托育的质量为何"以及"能为婴幼儿期孩子的成长和社会带来多大利益"的正确的认识。② 在这种情况下的竞争逻辑更倾向于专注低成本生产，在不被正确评价的前提下"降低质量，提高价格利润"，向着如何吸引家长注意，如以"便利性高""低价格"或"附加教育价值"等宣传方向迈进。③ 这些噱头虽然很受欢迎，但对孩子们而言究竟具有何种意义的意识却在逐渐减弱，商家考虑的消费对象成了父母，而不是真正作为托育对象的孩子。托育中使用者与决策者的不一致，且前者不能表达的特点，使得服务质量更无法保证。② "质量差的服务只要被淘汰即可"的市场合理化逻辑，可以说是"大人"思维之极端产物。对于一生中只能经历一次、无法取代的婴幼儿期而言，如果由于这一"淘汰"而不得不经历巨大的环境变化，必然会对每个人的成长带来影响，这一问题却没有被认真对待。托育是服务性市场，而非物品交易市场，服务质量主要取决于保育员水平，但这不是固定的机械生产力水平，而是与保育员即时的心理、身体状态等个人因素息息相关。从日本 20 世纪 90 年代后半期开始推进新自由主义保育政策的托育实践中可以发现，在市场化作用下，保育机构不免会极力控

---

① 脇貴志. 事件と事故が多発するブラック保育園のリアル［M］. 東京：幻冬舎，2016.

② 鈴木正敏. 幼児教育・保育をめぐる国際的動向—OECD の視点から見た質の向上と保育政策—［J］. 教育学研究，2014，81（4）：460-472.

③ 苏珊娜. W. 赫尔本，卡罗莉·豪斯. 儿童保育成本与质量［J］. 儿童的未来，1996，6（2）：62-82；大倉得史. 保育の市場化によって保育の質は上がるのか［J］. 人間・環境学，2017，26：1-15.

制人事费，导致低成本（质量）托育的增加。① 中国近年来爆发的虐童事件，也集中反映了保育员的素质及待遇差的问题。

（二）社会化模式："育儿社会化"与责任结构

托育的"社会化"，乃"育儿社会化"的一个重要环节，是指几乎被局限在家庭内（私人化）的育儿，在近代以后，由托儿所、学校等各种社会化机构并行抚育的变化。"社会化"的实质是育儿责任分担的变化，而"市场化"的责任仍归于家庭，这是两者的根本区别。

一般而言，政府主张的"育儿社会化"，主要是建设一个能够提供低成本、优质且多元选择的托育服务，家庭（母亲）能够灵活利用的社会。即，将育儿从私人、个别性的事务转变为集体、共同性的事务的"社会化"。然而，这只是"育儿社会化"的一个层面，且主要站在女性（母亲）视角上考虑的。也就是说，以支援"女性"的就职为主，仅仅将婴幼儿看作对作为重要劳动者的年轻女性的束缚，在她们工作期间用更便宜、简单的方式进行托管的政策。若从儿童的立场来看待"育儿社会化"，则将托育作为婴幼儿自身的权利来保障他们的成长，使之成为支撑丰富人生的基础。此一层面的"社会化"，是指儿童这种个人"作为所属集团的成员，掌握必要的规范、价值意识、行为模式"的社会教育过程，一般被称为"学前教育"。另外，还有第三层面的"社会化"，即从社会的形成过程来理解的"育儿社会化"，它是通过大

---

① 根据 2012 年 Benesse 次世代研究所的调查，非正式保育员所占各保育所的保育员总数的比例，公立保育所为 54.2%，私立许可保育所为 40.2%；根据东京都于 2013 年实施的"东京都保育士实际状况调查"，保育员的退职理由前三是，"工资少"（65.1%）、"工作量多"和"劳动时间长"。参见ベネッセ次世代研究所，编 . 第 1 回幼儿教育・保育についての基本调查报告书（幼稚園編・保育園編）［R］. 東京：株式会社ベネッセコーポレーション，2012：35；小尾晴美 . 市場原理の導入と保育の質［J］. 社会保育実践研究，2017，1：5；大倉得史 . 保育の市場化によって保育の質は上がるのか［J］. 人間・環境学，2017，26：1-15.

人和孩子们在育儿、托育中的相互关系而"形成集体和社会的过程"。因此，就第三个层面的意义而言，育儿过程中监护人与孩子所面临的"社会环境的困难"，应当看作是"社会化的功能不全"。① 例如，对于无法支付托育费的孩子（家庭），如何使他们能够支付托育费，才意味着纠正社会化的这一缺陷。近年国际上关于早期儿童教育与照顾（ECEC）的研究，托育作为儿童贫困对策而在理论和实证上都受到关注，其"作为对处于不平等状况的孩子们发展差距的再分配措施，具有公共性"。② 因此，为这些孩子提供其社会化必需的公共性托育服务，从原理上论，这正是现代社会自身的延续与进步所迫切需要采取的措施。

举日本的保育（托育）制度为例。日本鉴于"少子化的快速进程以及围绕家庭及地区环境的变化"，提供儿童、育儿支援给付（补贴）以及其他对抚养子女的人必要的支持，目的在于"实现一个让每个孩子都能够健康成长的社会"（《儿童、育儿支援法》第1条）。为此，在父母及其他监护人对育儿有最重要的责任的基本认识下，明确不同层级政府、从业主体和国民的责任（《儿童、育儿支援法》第2条至第5条）。其中，国家层面建立起一套市町村实施制度，国家、都道府县等对制度实施提供多重支持的责任机制；社会层面从业主体的责任是提供能够兼顾工作和家庭的劳动环境，以及协助政府的儿童、育儿支援事业，而国民则享有协助义务。以下，就负有实施责任的市町村说明托育社会化的措施。

为了回应抚育婴幼儿的家长们的各种各样需求，日本市町村有义务

---

① 这三个层面的育儿社会化的理解，雏形来于《大辞林》对"社会化"的三层定义。参见中西新太郎. 保育における社会的次元とは [J]. 社会保育实践研究, 2017 (1): 7-13.
② 山野良一. 子どもの貧困対策としての保育: ヘックマントエスピン＝アンデルセンの視点から [J]. 社会保育实践研究, 2017 (1): 3.

制定与地方实际情况相适应的"市町村儿童、育儿支援事业计划"（《儿童、育儿支援法》第 61 条），设置有关审议会及其他合议制机关（《儿童、育儿支援法》第 77 条），完善各类支援服务与设施。比如，为了消除独自一人育儿的不安及缺乏周围人帮助的状况，由市町村直营、社会福利法人和 NPO 法人等运营的"育儿沙龙"或"育儿广场"；为了招收需要保育的婴幼儿，由市町村确认"保育所（托儿所）"是否满足设施设备、职员等资格的标准，根据监护人的收入等因素规定保育费；① 为就学前孩子提供幼儿教育和保育的功能，或者提供地区育儿支援的功能，由市町村批准许可的"认定儿童园"；为了应对现有的保育体制无法解决的非常规的保育需求，市町村设置以希望提供育儿援助的人和想接受援助的人作为会员，进行地区育儿互助活动的"家庭支持中心"等。② 而且，市町村有保障因法定事由需要保育的婴幼儿，能够获得必要的保育服务之"义务"，③ 在不能满足保育需求的情况下，对保育从业主体进行调整并提出相应的要求（儿童福利法第 24 条）。

三、引入市场基本原理的社会化模式

通过托育的市场化与社会化论述，可以发现，当前日本保育制度是

---

① 保育所等实施的保育服务形式有很多，主要有延长保育服务、夜间保育服务、假日保育服务、生病或病后儿童保育服务、临时托管服务、特定保育服务和其他的保育服务。

② 参见北海道政府．有关育儿的主要支援、设施［A/OL］．（2019-6-19）［2019-07-01］. http：//www.pref.hokkaido.lg.jp/hf/kms/ikuji/shisetsu.html#a01.

③ 在三鹰市保育所入所不承诺国家赔偿诉讼的控诉审判决（東京高判平成 29 年 1 月 25 日賃社 1678 号）（2012 年儿童福利法修订后首例市町村的保育实施义务纠纷）中，法院认为由于假定待机儿童存在情形而做出选拔或利用调整的规定，因而以超额为由拒绝儿童监护人的请求，不能视为市町村违反儿童福利法第 24 条第 1 项义务的结论，此义务表现为第 24 条第 2 项的"通过保育所以外的手段提供保育的体制的确保义务"或者"为确保保育而完善体制的义务"；有日本学者将儿童福利法第 24 条第 2 项理解为采取财政措施的完善提供保育服务体制的义务。参见新田秀樹．2012 年の児童福祉法改正後の市町村の保育の実施義務（控訴審判決評釈）［J］. 社会保障研究，2017，2（2・3）.

混合两种模式，其基本构造是：（1）政府是保障保育服务的主要责任主体，通过制定保育发展计划和相关认定标准，统筹和确保保育事业的发展和质量；提供公共补助金，支援符合规定的保育所；体现应能负担原则，根据监护人自身的收入等因素规定应交付的保育费等。（2）市场则是增加保育服务的重要供给主体，通过引入托育服务供给主体间竞争的机制，可以有效地调动社会力量、快速增加保育供给和减少政府投入成本等。进入 20 世纪以来，由于日本政府的主要困难与任务，是在国家财政不足的前提下，仍须尽快增加保育场所、消除"待机儿童"数量，① 所以近年来制度改革的方向是市场化为主，即以缩小保育实施的政府责任为目标，加强市场作用而构建多元化保育供给主体的局面。②

（一）日本混合模式的效果及问题

改革的结果是女性（25—44 岁）就业率逐年上升（从 2013 年的 67% 至 2017 年的 74.3%），随之申请保育的人数也逐年增加的情况下（2017 年度约为 271.2 万人，比 2013 年度增加 42.3 万人），各类保育所数量及保育容量的增长是显著的。市町村和企业主导型保育事业中保育

---

① 根据日本 2001 年的（新）定义，待机儿童指向市区町村提交保育所入所申请书，并且符合入所条件，但实际上没有获得保育服务的儿童。但是，由于有特定想去的园区而等待的儿童，以及通过"保育妈妈"（主要将自家作为保育园的替代来照看小孩，又称家庭保育员）和地方公共团体的单独保育措施接受保育的儿童不包括在内。

② 如 2013 年 4 月制订的"消除待机儿童加速计划"，对小规模保育事业给予运营费的支援，以及以认可保育所为目标的认可外保育设施给予改装费和迁移费用的支援；2015 年的"儿童、育儿支援新制度"，开始对家庭保育等多形式的保育事业予以认可；2016 年的《关于解决待机儿童的紧急对策》，为了让更多的孩子入园：①将地方政府追加的保育设施的面积标准和职员配置标准降低到国家标准水平，②奖励幼儿园的寄存保育和小规模保育，③小规模保育的定员从 19 名以下扩大到 22 名，入所对象儿童原则上 3 岁以下可以改为 3 岁以上，④推进企业主导型保育的方针等。参见藤井伸夫．子どもの保育─今，何が問題か─［J］．人権と部落問題，2016，68（12）：6-13.

容量的扩大，从 2013 年度到 2017 年度末的 5 年合计约 53.5 万人份（其中市町村为 47.6 万人份），达成"待机儿童解除加速化计划"的 50 万人政府目标。截至 2018 年 4 月 1 日，待机儿童人数为 19895 人，乃时隔 10 年后降至 2 万人以下。待机儿童多见于城市①，占全体的 70%，在日本全国 1741 个市町村中，约 8 成的市町村（1306 个）的待机儿童数为零。② 然而，考虑到由于急功近利地降低标准或硬性规定以增加保育容量，致使保育质量下降及保育的福利性质变得薄弱，并且由于同时存在政府认可的保育所与政府认可外的保育所，两者收费及政府补贴上的诸多差异，导致在实践中引发多层次的不公平现象，甚至阻碍了市场作用的发挥。可以说，日本此般引入市场的社会化模式，实践中并没有发挥出两种模式的优势，原因在于社会主体与市场主体在对保育服务供给的支持中，并未形成合力，反而制造了关系的冲突，进而导致市场主体无法良好地发挥其作用，最终导致需要保育服务的主体在这欲求实现过程中不得不大打折扣，甚至陷于不利的境地。而且由于申请保育服务主体与享受保育服务主体的错位，导致实践中对真正权利主体的忽视，使得市场主体也未能良善地做出积极行为，真正实现婴幼儿的权利。

　　第一，由于日本政府认可的保育所属于儿童福利机构，所以其保育

---

① 这指的是首都圈（埼玉・千叶・东京・神奈川）、近畿圈（京都・大阪・兵库）的 7 个都府县（指定城市、中核市）和其他指定城市、中核市。

② 相关数据，参见待機児童解消に向けた取組の状況について［R/OL］.（2018-09-18）［2022-01-01］. https：//www. mhlw. go. jp/content/11907000/000356833. pdf. 另外，值得关注的是，2018-2020 年度期间，在新的"安心育儿计划「子育て安心プラン」"实施下，各类保育所数量及保育容量扩大了 31.2 万人份，直至 2020 年末可保障约为 324.7 万人份，其中，城市待机儿童数量所占比下降，占全体的 60%左右，企业主导型的保育事业也有了较大的增长，3 年保育容量增长了约 6 万人份。参见 2020（令和 2）年 4 月 1 日時点の待機児童数について［R/OL］.（2020-09-04）［2022-01-01］. https：//www. mhlw. go. jp/content/11922000/000666988. pdf.

费乃根据应能负担原则来加以确定。① 在以国家规定标准为上限的前提下，由家庭所在的地方政府依据家庭全体收入的等级确立收费标准进行统一收费，政府收取保育费用后发放给该认可保育所，并予以一定补贴。② 但政府认可外的保育所，则是由其自身决定保育费用。因此，政府认可保育所的保育价格比市场的均衡价格，即认可外保育所的平均保育价格低得多，③ 所以产生了需求大大超过供给的"需求过剩"（待机儿童），市场调整供求的价格功能并未得到有效发挥。

第二，为了应对超额需求，需要提供一种解决竞争的准则以进行"分配"或"选拔"。由于保育所被定位为代替监护人的保育儿童福利设施，所以必然要根据"缺乏保育"或"保育的必要性"认定标准④进行赋值，通过积分制决定竞争中的儿童顺序，而非诉之于"价高者得"的市场竞争准则。然而，在不同人的不同需求、竞争目标之间选择，赋予每种情况不同的权值乃至优先选择权，与使市场原理发挥作用的情况相比，结果并不如意。例如，全职工作地（高收入家庭）比起

---

① 从社会福利视角来看，"根据享受的利益程度来负担费用称为应益负担；而不管享受的利益程度，根据每个人的支付能力来负担费用则称为应能负担。"参见寺本尚美「応益負担・応能負担」山縣・柏女编集委员会代表『社会福祉用語辞典〔第9版〕』ミネルヴァ書房2013版28頁。

② 《儿童福利法施行令》（平成三是南政令第百八十六号修订），第二十七条之二。

③ 以北海道札幌市为例，目前认可保育所的收费标准，按照2017年日本家庭平均月收入——526973日元（约3.5万人民币）来看，3岁未满的儿童每月应缴纳保育费15680日元（约1000人民币），家庭第二个小孩免费。而认可外保育所3岁以内的小孩每月保育费为7万—9万日元。另外，根据2019年2月14日日本内阁府、文部科学省、厚生劳动省颁布的《有关幼儿教育的无偿化》，在2019年10月将实施幼儿教育无偿化制度，届时对于认可外保育设施，若被政府认定为具有"保育的必要性"且家庭收入不足以缴纳居民税的小孩，将减免最多每月4.2万日元的保育费。数据参见总务省统计局. 第68回日本统计年鉴（2019年）[M/OL]. (2018-11-01)［2022-01-01］. https://www. stat. go. jp/data/nenkan/68nenkan/zenbun/jp68/index_h5. html#506；札幌育儿情报网站. 认可保育所和认定儿童园（保育所部分）的保育标准时间内的儿童保育费[A/OL].［2019-07-01］. http://kosodate. city. sapporo. jp/mokuteki/azukeru/hoiku/ninka/hoikuryou/940. html.

④ 在"不能由共同居住的亲属进行保育"的同时，处于以下情形：1. 常态的工作，2. 妊娠期或分娩后不久，3. 监护人患有疾病、精神问题或身体残疾，4. 需要护理同居的亲属，5. 灾后恢复等。

短期工作或求职者（低收入家庭），由于优先度更高而更能进入认可保育所，导致后者不得不利用高额的认可外保育设施，或者牺牲工作或更高收入的机会而在家照顾小孩等需要解决的新的不公平现象的出现。[①]

第三，认可保育所是根据国家规定的设置标准（设施面积、职员数、设备、卫生管理等），成为都道府县知事认可的儿童福利设施，无论公立抑或私立，都可以获得公费补助。而认可外保育所中，即便设施标准基本不差于认可保育所，实际也只有很少部分能获得地方政府单独支付的补助金。对于认可保育所而言，不需要与其他保育所进行市场竞争，因而在维持作为"rent（租）"的人事费等高成本结构的基础上，既缺乏动力以提高对婴幼儿的保育服务，也难以实现效率化。因此，保育费不能发挥反映质量的价格功能，产生了"政府事业对民间事业压迫"的状况，无法培养出健全的保育服务市场。

以上为日本的保育制度以及当前在运转中出现问题的情况，原本政府认可保育制度对于公民来说具有重要的社会保障效应，但由于政府认可与政府认可外保育所的运转出现了新的结构性难题，使得原有目的难以实现。比对当前中国鼓励托育政策，可引起一定的警示。

（二）中国当前问题及新的兼容模式

《支持社会力量发展普惠托育服务专项行动实施方案（试行）》中工作目标中提到，要建成"一批具有带动效应、承担一定指导功能的示范性托育服务机构"，以及"一批嵌入式、分布式、连锁化、专业化的社区托育服务设施"，扩大普惠性托育服务的有效供给，但根据其重点资助方式，实际仍是一种部分有限的优惠供给。对于获得国家或地方

---

① 野辺英俊. 保育制度の現状と課題 [J]. 調査と情報 2010，667：1-11.

政府支持的示范性托育服务机构或社区托育服务设施，它所提供的可能是"优惠"，但不是"普遍"的托育服务。国家通过中央预算内投资重点支持的两类托育服务供给主体，并不能充分满足社会的托育需求，包括既有的和可能随着国家托育服务工程而激发的潜在的托育需求，增长的托育需求自然存在供不应求的状况，因而不得不面临如何解决竞争、实现公平分配的问题，以避免沦为歧视性的"双轨制"供给模式。而且，是否能够获得中央预算内投资的支持，是否能够享受地方政府优惠政策等支持措施，就决定了托育机构在服务供给价格上的可定价空间，反向使未纳入示范名单的托育机构处于不利的市场地位，影响托育服务市场的健康发展，因而所要实现所谓的"带动效应""指导功能"或"示范性"作用，可能会事与愿违。

为此，需要提出新的兼容社会化与市场化的模式——一种引入市场基本原理的社会化模式以解决上述问题。根本上而言，建构托育供给体系的目的是要实现普惠、优质和高效的托育服务供给，因而可通过以下四点进行调整：

1. 政府由补助托育设施转向直接补助利用者，创设"托育券"制度，激活市场功能。以美国"教育券"制度为参考，创设"托育券"制度，即地方政府根据家庭收入相应发放不同面额的电子券用以减免托育费，再根据托育设施实际得到的"托育券"进行补贴。电子券为记名式，不得转让和流通，家庭可根据自身的情况决定是否使用。如此一来，父母可凭借政府发放的"托育券"选择托育设施，托育设施也能凭借该券获得相应的政府补助。此举措的优势在于，对于需要托育服务的家庭而言，能够自由地进行选择；对于提供托育服务的主体而言，有更大的动力提供质量更高的托育服务。因此，此举在激活市场作用的同时，借由政府转向对婴幼儿托育进行直接补贴，以实现再分配和福利保障功能。

2. 设定特定的保障义务，以弥补市场化的局限，保护弱势群体权益。政府在鼓励市场或社会力量进入托育领域时，需要针对市场所具有的局限性设定特定的保障义务。例如，政府可在不受市场青睐的地区设立托育设施，或为残障婴幼儿购买相应的托育服务，或以委托费的形式保留该特定机构的补助等，都是可行的方式。因此，当前杭州的嵌入式幼儿园有其存在的必要，但需要承担特定的优先义务，如对残障婴幼儿等弱势群体，或者由于特定事由（地方政府可立法设定）导致家庭有必要获得托育服务的婴幼儿的托育义务。特定事由可以是工作、妊娠或分娩、监护人伤病或残疾、需要照护家庭其他成员、灾害恢复、求职活动、就学、职业培训、儿童虐待或家暴等。如此一来，政府的补助方式将更灵活，不必如日本那般需要巨大的财政支持，也能对弱势群体提供更多必要的保护，既不减损保育的福利性质，也不妨碍市场作用的发挥。

3. 地方政府应采取综合性政策，激活托育多元供给，全方面满足婴幼儿托育的需求。目前来看，出于家庭代际支持，以及婴幼儿托育安全等原因，企事业单位或园区设置的托育设施会更具吸引力。因此，政府应当通过对这类提供托育服务的单位，提供一定的税收减免与优惠政策。此外还应当注重通过优化设置程序、综合性的优惠政策，发展非常态的托育服务形式，包括夜间托育服务、假日托育服务、长时间托育服务、生病或病后儿童保育服务、临时托管服务、特定场所（商场、公共场所、企事业单位等）托育服务、家庭上门托育服务和其他的托育服务。上述这类托育服务对于社会而言，更具急迫性。

4. 防止低成本竞争，加强市场规制，保障婴幼儿的托育利益。为了防止低成本竞争，在国家、地方政府和企业进行托育委托的招标、选定，以及所有的托育设施申请设立时，应规定教职工薪酬待遇等费用达到一定标准，避免托育设施通过削减薪酬进行的"低价竞争"。确定有关托育质量的客观指标，由政府或第三方连同相关利益方代表，对各托育设施进行质量评价，并对评价结果予以公布。另外，避免市场优胜劣汰对婴幼儿权益造成的侵害，确保婴幼儿接受托育服务的稳定性。也就是说，应该明确新、旧托育设施的责任，比如，双方需要共同经营一定期间、明确交接内容以确保顺利过渡，设置新、旧托育设施及监护人三者协商会议等义务，在上述责任不能妥善履行的情况下，监护人可以进行赔偿请求等。同时，为了将对婴幼儿的不良影响控制在最低限度，有必要规定行政紧急支援，如在政府行政的支援下继续雇佣破产的托育设施的保育员，或者政府直接进行临时性接管等。

5. 完善托育专业教育体系，保障人才培养。托育关乎 1-3 岁婴幼儿的照料与教育，当前我国虽然已设定"育婴师""育儿员""家庭指导师"等多种从业资格考试，但各种职业资格考核标准不一。借鉴日本经验，推动托育服务产业发展的重要途径，在于尽快整合既有相关职业技能资格的基础上，统一托育服务从业资格，并建立完善的托育服务专业教育体系。以上海为例，可通过提供免费技能专业培训课程，为职业、技能培养提供政策扶持或补贴等措施，快速提高托育服务行业人才供给和专业水平；同时，通过保障和提高整体薪资水平、改善与提升劳动环境，尽快完善托育服务专业人才培养与储备，以应对日益增长的社会托育需求和不断加剧的少子化趋势。

6. 国家或省级政府可授权指定城市，激活政府在托育服务供给领域的治理能力。地方政府应当根据本地实际情况落实属地保障原则，对本地的普惠性托育供给负责。普惠性托育的供给应当与地方实际情况相适应，即托育量的供求计划要与各地方不同的托育需求、人口形势和生育意愿状况相匹配，该计划制定与落实是地方市一级政府的义务。因此，在国家统一制定托育设施的设备、运营的最低标准的基础上，省级政府可将托育设施许可权限、地方标准制定权限委托给指定城市和中心市，由后者制定相对更高的标准、更灵活的设立条件和运营形式，比如可以更灵活地实施诸如"居室面积"标准、托育形式认定、政府资助条件和"托育人员比"等标准，以确保更多元的供给主体进入托育领域，开创更多元的空间利用形式与提供更多元的托育服务。

第三节　生育激励机制构建的社会结构性困境

在讨论并重塑了生育激励机制的两项重要制度——生育休假制度与托育供给制度，从实践主体来看，已然揭示了生育激励机制需要围绕着两个重要主体——女性与婴幼儿——以及他们相关权利实现所涉的他主体之间展开。激励生育的效果如何，并不依赖于诸如直接经济补贴、生育税收优惠等生育激励措施本身，而是取决于最终在这个社会上，婴幼儿能否安心健全成长、男女平权是否实现、社会再分配是否公平等问题上。而这些问题的解决，目的在于让这个社会中的每个人都能处在一个良善关系之中，更确切地说，让这个社会成为一个生育友好型社会。因此，上述生育休假制度与托育供给制度，目的都在于促进男女平权，减少男女之间基于生理（妊娠、分娩与哺乳活动）不同而产生的社会结构性或制度性（突出在职场制度上的差异）歧视，妥善处理各主体之间的利益关系，以及在这基础上将社会保障的重心放在婴幼儿的安心健全成长上，而儿童的成长是一个社会化的过程，一个逐步建立社会关系的过程。换言之，生育激励机制的重心应当落在婴幼儿这一主体上，让每一个婴幼儿都能在适当的环境下，获得"照护"而健康、安全、安心地活动和获得"教育"而身心健全地发展。这就要求婴幼儿的保育体系能够保障婴幼儿能够获得更为人性化的照料，基于保育制度建立中的其他主体之间的关系也应当能够被妥善处理。因此，需要再次强调的是，生育激励机制的建立，其首要目的不是为了应对少子化趋势，若仅仅关注应对少子化加剧，对生育休假的延长及保障、对普惠性托育服务的制度供给，就会变得十分狭隘，甚至南辕北辙引发更多严峻的问题。显然，不是足够长以致达至三年的育儿假，或者便宜乃至免费的托育服务供给，就能解决少子化问题。概言之，对于应对少子化加剧的问题而言，离不开婴幼儿权益保障、男女平权和社会再分配公平的实现，这都是生育激励制度建构时需要考虑的问题，这是生育激励的前提与制度目的，也是其真正意义之所在。为此，我们需要反思当下整个社会政策的基石，探讨婴幼儿、女性在社会中的地位，以及这种地位背后映射出的影响生育的社会结构性困境。

一、劳动力中心主义的社会政策

构建生育激励机制所面对的社会结构性困境，集中体现在婴幼儿保育面临的困境中。归根结底，这些困境与传统社会政策的关注重心问题及婴幼儿成长的人身依附性特征紧密相关。社会政策始于劳资问题，并围绕着劳动者阶级自助活动的相关问题而建构。[①] 因此，拥有劳动力的劳动者才是社会政策关注的重心，而婴幼儿只能视为准劳动力，女性的生育、抚育活动也无法与劳动同等对待，因而未能受到应有的关注。现代社会政策的发展关注点经过了一系列的演变，从关注劳动者的劳动问

---

① 西村豁通，荒又重雄. 新社会政策を学ぶ［M］. 東京：有斐閣，1989：11.

题，到劳动者的生活问题，再到兼顾生产地点的劳动条件与生活场景的消费条件（劳动成为生活的一部分），围绕着获得生活手段的消费而展开的各个领域问题。女性生育问题、婴幼儿保育问题，正是作为雇佣劳动者所处生活场景及问题的一部分来对待。直言之，女性生育与抚育子女的付出及其权益保障，婴幼儿的安心健全成长及其保育权，在劳动力中心主义社会政策以及男性主导观念的双重框架下无法获得独立性，处于从属的乃至被边缘化的地位。

劳动力的商品化席卷了人类的全体生产、生活，孕育出雇佣劳动的矛盾，反向影响了对子女的培养及成长期待。雇佣劳动的矛盾，首先在能力主义①中呈现。劳动市场中围绕着劳动力的竞争而形成了劳动力的位阶，当存在相对的过剩人口时，劳动者中的能力主义竞争将更为残酷。极端的能力主义将扩大劳动者间的差距，动摇劳动者作为人的平等与连带的基石。其次，基于能力主义的资本生产形成了生产至上主义，即"为了人类生活的生产"向"为了生产的生产"转化。社会化分工背景下，市民革命②与产业革命而解放出来的个人，其作为劳动力于资本基础上完成了"劳动力—劳动手段—劳动对象"的结合，在生产的自立过程中孕育出生产至上主义，并随着"科学（机器）的工业化运用"而扩大。③ 包含能力主义、生产至上主义的雇佣劳动，在劳动者生活的全体性中诞生出劳动力中心主义，主导着整个社会的基本价值。劳

---

① 「能力主义」，指将对个人能力的评估结果作为对人评价的标准，并反映在工作待遇上的一套理念，表现为"绩效考核制度"。在日本将其视为与按资排辈的"年功序列"相对立的一种理念。

② 市民革命，也称资产阶级革命、资本主义革命、民主主义革命，是指瓦解封建绝对主义的国家体制，以近代社会为目标的革命。一般定义为以主张基于启蒙思想的人权（政治参与权或经济自由权）的"市民"为主体推进的革命。代表的是英国革命（清教革命、光荣革命）、美国独立革命、法国革命等。

③ 详见《资本论》第一卷第四篇第十三章机器与大工业部分。马克思. 资本论［M］. 中共中央马克思恩格斯列宁斯大林著作编译局，编译. 北京：人民出版社，2004：427-580.

动力中心主义置劳动力为最高价值，而非劳动力的人（婴幼儿、老人）作为其对立面，不得不置于从事生产的人的下阶位置或阴影区域。

雇佣劳动应当是根据劳动者的生存需要或家庭的消费生活而开始的，但事实却相反，在劳动力中心主义和商品经济主导的逻辑下，家庭颠倒为雇佣劳动的劳动力再生产场所。根据马克思主义的观点，劳动力是存在于人身体中，是人生产某种使用价值时运用的体力和智力的总和。① 建立在性别分工之上的一夫一妻制，女性以育儿、家务等来支持家庭生活，同时保障了两类劳动力再生产——作为劳动者个人的劳动力再生产和以生育、养育为核心的劳动力再生产。由此，形成了这样一种社会构造：雇佣劳动的本质是劳动力商品化，担任商品生产者的男性作为劳动力的一方，而女性由于参与支援生命的劳动力再生产而无法直接将生产力商品化，因此不享有雇佣劳动的同等地位。本来是等价的"生活资料的生产"和"人类自身的'生产'"劳动，后者却被置于前者之下。对于女性而言，这是一种双重掠夺构造：不被视为劳动力一方的同时，又要承担不被视为劳动的生命再生产劳动。② 从价值生产的观点来看，生命的再生产仅被允许限制在劳动力再生产的必要范围之内——作为劳动力价值的繁殖费用部分，并尽可能节省再生产费用。③ 然而，每个家庭对子女的培养模式又受到能力主义的影响，为了应对能力主义下的强竞争，需要投入高昂的抚养成本。因此，建立于"男性从事生产、女性照顾家庭"性别分工之上的近代一夫一妻制家庭，作为潜在劳动力的婴幼儿要求被关爱，而这种关爱又不得不依赖于被视为

① 马克思. 资本论［M］. 中共中央马克思恩格斯列宁斯大林著作编译局，编译. 北京：人民出版社，2004：195.
② 西村豁通，荒又重雄. 新社会政策を学ぶ［M］. 東京：有斐閣，1989：22.
③ 有关能力主义、生产至上主义和劳动力中心主义的论述，详见西村豁通，荒又重雄. 新社会政策を学ぶ［M］. 東京：有斐閣，1989：23-25.

非劳动力的母亲与祖父母，由此在社会中构成了扭曲的差别对待格局。因此，家庭生育及保育功能必然遭遇社会结构性的困境，它与劳动力中心主义支配下的价值位阶形成剧烈冲突。当社会政策以劳动力中心主义进行构建时，由非劳动力的女性或祖父母承担的生命再生产的保育工作，不被视为劳动进而无法在社会政策的制定中获得重要地位。

二、女权主义运动下的育儿困境

长期以来，在女权主义运动（feminism movement）及思想的冲击下，女性的非劳动力地位发生了改变。于上述劳动力中心主义的社会结构中，越来越多的女性建立起"女性也要工作"与"独立自主"的关联，同时秉持着"孩子也即负担"的想法，这都致使母子依存关系逐步淡化。对于女权主义者而言，托儿所等保育设施是绝对必要的存在，国家应该全力给予支持与供给，这样才能充分地保障女性的自由权①。在这些主张中，母亲在婴幼儿成长中的作用被弱化，保育专家成为更优选择，并更加强调与其他婴幼儿共同成长的环境更利于儿童的安心健全成长。可见，原本依存于母亲的婴幼儿，在前者也成为劳动力后，婴幼儿的保育成了首先应当确保女性劳动力得以顺利实现的存在。因此，当社会政策越倾向于劳动力中心主义，政府就越能在保育上对女性工作进行支持，从而越能够激励女性选择工作，并进一步巩固劳动力中心主义的社会结构。新中国最初的单位（集体）保育制度，深刻地反映出这一点。②

---

① 实际上这也是对男性权利的保障，不因女性转化为劳动力的同时而在家庭中付出更多劳动力。

② 1958年9月19日，中共中央、国务院在《关于教育工作的指示》中要求全国应在三年到五年的时间内，基本完成"使学龄前儿童大多数都能入托儿所、幼儿园的任务"。随后被评论道，这样有利于（1）解放妇女劳动力，"使她们能和男子一样参加生产，进行政治文化技术学习"；（2）"使孩子受到比较良好的教养"；（3）彰显"集体生活福利事业的优越性"。参见：进一步动员全国妇女热烈投入增产节约运动的新高潮——全国妇联召开的省、市、自治区妇联主任扩大会议通报［J］. 中国妇女，1959（17）.

　　此类有关保育的社会政策可以解决女性面临的道德困境——自我利益与孩子利益何者优先。通过保育责任向社会或国家的转移，消解了个人自私与责任冲突的焦虑。但长期以来，无论是选择全职家庭主妇还是只在子女幼年时期中断工作的女性，都无法获得政府在家庭层面保育的帮助。选择工作的女性与选择在家育儿的女性，两者在这其中遭遇不同待遇的背后逻辑，与我们推崇的以"洛克式"所有权为模型的自由观相关。简言之，孩子因被母亲"亲手劳作"而成为母亲的所有物，母亲在以何种方式抚养孩子上可自由选择，哪怕因此被迫放弃工作而使生活困难也不过是自由选择的结果。由此可见，这实质上忽略了婴幼儿的主体性。婴幼儿只是作为被动接受的客体，服务于某种外在目的——劳动力再生产或女性劳动力的实现等。明明对于人类福利而言不可或缺的保育劳动，却基于其对象（婴幼儿）的"非自立性（dependence）"而一直处于依附地位，不能单独对其自身进行评价。

　　综上，生育激励机制所面临的问题，实际是整个劳动力中心主义社会结构对男女平权、婴幼儿保育所带来的障碍。换言之，根本上与传统社会政策的重心及婴幼儿的人身依附性紧密相关。社会政策始于劳资问题，并围绕着劳动者阶级自助活动的相关问题而建构。[①] 因此，作为劳动者的父母才是社会政策关注的重心，而且在女性权力觉醒之前，作为劳动者的男子才是社会政策关心的重心，整个社会的用工制度是以男性工人形象而创建的。以至于到现代社会，哪怕平权运动已经发展了几近两代人，但职场制度仍然是 20 世纪的模样。现代社会政策的发展，从关注劳动者的劳动问题，到劳动者的生活问题，再到兼顾生产地点的劳动条件与生活场景的消费条件（劳动成为生活的一部分），围绕着获得

---

① 西村豁通、荒又重雄. 新社会政策を学ぶ［M］. 東京：有斐閣，1989：11.

生活手段的消费而展开的各个领域的问题。为此，一方面，以缩短劳动时间（如标准工时）为主要考虑的劳动保障政策，目的是让劳动者有充裕的劳动力再生产时间，同时客观上为家庭育儿活动腾出了时间，但现代更灵活的工时制度又突破了这一保障框架，使得资本再次获得了主导地位。另一方面，为了应对劳动者生活上的事故和变化而开启的社会保险政策，如劳动保险、失业保险、工伤保险、生育保险等，这些都是劳动者需要应对的变化。由此可见，婴幼儿保育问题，实际是作为雇佣劳动者所处生活场景及问题的一部分来对待。换言之，只要保障雇佣劳动者的诸利益，婴幼儿保育也将随之解决，或不会成为一个重要问题；但若涉及如何激励生育，显然就不是简单保障劳动者的诸利益的问题，其涉及男和女作为不同劳动者而应当如何保障公平，以及作为两者的家庭生活重要内容的育儿，应当如何与工作进行兼顾的问题。

第五章　以婴幼儿保育权为中心
构建生育友好型社会

生育自由理念下的生育激励机制建构，除了生育权保障这一前提外，还需要设置另一个重心，即婴幼儿保育权①，通过后者实现的关系结构展开，构建一个生育友好型的社会。女性与婴幼儿作为社会重要的主体，需要从劳动力中心主义社会政策以及男性主导观念的双重框架下挣脱出来，摆脱从属的乃至被边缘化的地位，否则所有的生育激励措施都难以发挥其应有的效果。为了保障女性与婴幼儿权益，必须将女性从繁重的家庭事务中解放出来，将婴幼儿从家庭关系中解放出来。当然，这并非是说家庭不再重要或家庭没有相应的抚育责任，而是我们要站在整个社会关系的视角来重新审视儿童成长，这既是分担父母的抚养责

---

① 一般而言，保育权概念下的婴幼儿为0~6周岁，而制度意义上保育的对象范围要更窄，为0~3周岁。在世界范围内，保育首先是"care"概念的深化，并与"education"相结合。但这里需要警惕把"学前教育"简单看作类似于学校的"教育"，确保"education"与"care"具有不可分割的特质；其次保育是与孩子的成长相关的，需将父母及监护人的"upbringing"与"care"相区别。简单而言，所谓保育，指的就是照护与教育。例如，日本《儿童福利法》的规定，"保育"是指"照护（care）和教育（education），但作为义务教育及以后教育的基础的对3岁以上幼儿的教育除外。"由此形成的保育权，即婴幼儿在适当的环境下获得的"照护"（为了健康、安全、安心地活动）和"教育"（为了身心健全发展）的权利。另外，婴幼儿保育与托育并不等同，托育是父母将婴幼儿交由第三人并与之订立契约的保育形式，是保育在家庭之外的重要内容之一。

任，也是更好地保障婴幼儿的权利。对此，需要围绕着婴幼儿安心健全成长的权利，设定一个概括性的权利概念——保育权，而这必须是一项建构在关系视角上的权利。在我国，目前并没有保育（权）的概念，对于婴幼儿，更多的是家庭抚养与社会托育，而这往往被归入父母的监护义务范围。但这种来自血缘关系或家庭视角的构建，会遭遇诸多问题。首先，婴幼儿并非只在父母创造的培养皿中成长，而是由家庭和地区社会状况共同决定的，因而帮助婴幼儿与改善其所在家庭及地区需要将社会和国家纳入其中一同考虑。其次，国家对婴幼儿的支援与对监护人（父母）或家庭的支援，看似一样，实际却有很大的区别：对监护人支援不等于对婴幼儿的救济，因为前者不一定具有对被监护人权利全权保护的视角，但对监护人或家庭支援又是作为婴幼儿权益实现的重要过程而存在的。此种复杂的关系，在过往研究中并未得到认真对待。再次，监护权虽为"权"，但其实质是义务，主体是监护人，[1] 而保育权的主体是婴幼儿。在监护权视域下，监护人以婴幼儿"利益最大化"为目的的规范性要求，只是监护人的单向投射，加之婴幼儿具有的人身依附特质容易异化为监护人的人身支配权，难以做到"尊重婴幼儿的主体性"。最后，家庭抚育的"缺乏性"和"违法性"问题是国家介入家庭的生成条件，此乃监护权的局限，即监护权的人身专属性决定了不可能同时存在多个不同层级的监护主体。[2] 这就造成了，在家庭中父母由于各种原因疏于照料婴幼儿时，监护权的实施机制难以对婴幼儿的安心健全成长进行有效保障。也就是说，3 岁以下婴幼儿仅存在于在家庭所构造的关系圈中，未能主动与社会发生稳定联系，社会或国家自然也

①　《民法典》第二十六条："父母对未成年子女负有抚养、教育和保护的义务。"
②　从监护权的顺序规定与指定监护人的条件即可获悉。参见《民法典》第二十七条、第三十二条和第三十六条，只有当既有监护人死亡或没有监护能力，才可能产生新的监护人。

不会主动介入。进言之，由于监护权缺乏社会权属性，监护人往往无法基于某些客观原因所导致的家庭保育不足的问题向国家提出请求，也就是说兜底的国家监护责任很难激活。因此，未来的保育制度需要重新建构一种新的权利结构，其本质是超越家庭关系，引入国家和社会的视角，让婴幼儿获得更好的保育。

国内政策方面，自党的十九大报告提出"幼有所育"后，中央虽颁布了一系列政策以促进婴幼儿照护服务发展，[①] 但自始未明确将保育作为一项权利，更缺乏清晰的思路展开保育制度的建构。国际公约方面，中国加入并生效的《儿童权利公约》规定考虑到"儿童的最大利益"（第3条），要求缔约国应最大限度地确保儿童的生存和发展（第6条），以及确保就业父母的子女有权享受他们有资格得到的托儿服务和设施（第18条第3款）。对于一些国家的学者而言，保育制度被视为是这些人权条款的活用与具体化，因而主张保育是一项儿童基本权利。[②]若以我国宪法第46条"受教育权"和第49条"抚养教育权"作为依据，或可推导出婴幼儿保育权。但若不击败一个看似自明的预设——婴幼儿具有不得不依存于父母的特质，保育权永远不可能像儿童受教育权那般作为公共责任，而只能将婴幼儿父母的生活状况视为公共责任。而

---

① 2019年3月的政府工作报告上，指出"要针对实施全面两孩政策后的新情况，加快发展多种形式的婴幼儿照护服务，支持社会力量兴办托育服务机构，加强儿童安全保障。"同年5月9日，国务院颁布《关于促进3岁以下婴幼儿照护服务发展的指导意见》（国办发〔2019〕15号），认为"3岁以下婴幼儿（以下简称婴幼儿）照护服务是生命全周期服务管理的重要内容"，明确"加强对家庭婴幼儿照护的支持和指导"，"加大对社区婴幼儿照护服务的支持力度"和"规范发展多种形式的婴幼儿照护服务机构"等。
② 参见若尾典子. 子どもの人権としての「保育」——ケアと日本国憲法 [J]. 福祉教育開発センター紀要，2017，14：133-150；小泉広子. 子ども・子育て支援関連3：法と子どもの権利 [J]. 日本教育法学会年報，2014，43：44-54；沙伦·贝塞尔，塔利·加尔. 形成伙伴关系：需要照顾和保护的儿童的人权 [J]. 国际儿童权利期刊，2009，17（2）：283-298；经合组织. 幼儿参与权：关于幼儿教育和保育质量研究的经验教训 [R/OL]. (2018-03-27，2022-01-01). https：//www.oecd-ilibrary.org/education/starting-strong_ 25216031.

且，托育不等于保育，当下保育责任在家庭、社会和国家中仍未得到良好的配置，当前的国家政策投资责任难以实现普惠性的托育服务供给。然而，无论如何表述保育权，总是离不开对婴幼儿的"照护"和"教育"两块内容，但如何进一步展开和讨论其实现方式，则必然涉及对婴幼儿这一保育权主体及其与其他主体之间关系的讨论。因此，本章节试图通过一种关系的权利视角来建构保育权，实际也就是建构一个生育友好型的社会所必要的一个权利内核或正当性基础。

第一节　亲子关系的重塑：从"私物性子女观"到"社会性子女观"

无论是婴幼儿抑或女性（母亲），都应该呼吁对婴幼儿主体地位及其保育作全面审视，让婴幼儿保育获得更为公正的对待及保障。在这其中，关键是对亲子关系的认识，它是国家或社会介入保育领域的基本立足点。不论如何理解婴幼儿的存在，都无法否认其必须依赖于他人，需要他人的关怀与照顾。而且，与夫妻关系相比，亲子关系存在非对称性，这天然导致了"私物性子女观"① 的产生。私物性子女观下，国家权力与父系在家庭中的支配权间有着明显的边界，而且这一观念及所衍生出的具体权力结构在东西方有其不同的呈现，进而导向不同的现代权利和义务。因此，只有对"私物性子女观"进行解构，才可能突破这

---

① 「私物的我が子観」，笔者译作"私物性子女观"，即将子女视为父母的私有物的观念。与之相对应的是「社会的我が子観」，即本书所称"社会性子女观"。参见高橋重宏．子ども家庭福祉論——子どもと親のウェルビーイングの促進［M］．東京：放送大学教育振興会，1998：13；中村強士．「子ども家庭福祉」概念の検討［J］．佛教大学大学院紀要社会福祉学研究科篇，2009，37：71-88；等。

一顽固观念，拓展子女与家庭外的实质关联。从"私物性子女观"到"社会性子女观"，是子女对家庭关系的突破，前者对应的是监护权的底层逻辑，而后者对应的是保育权的底层逻辑。

一、"私物性子女观"的中西原型及问题

一方面，东方的儒家式"私物性子女观"，源于根据生育事实而引发的依存关系，具有单向性且无法终结，即身体的非自有性是无法变更的。如"身体发肤，受之父母"①，"身也者，父母之遗体也。行父母之遗体，敢不敬乎"② 等。同时，随着儒家孝道与家庭伦理的社会化，"孝"与"忠"成为互为对应的理论范畴，"家""国"间具有同构性，"君父同伦"且皆定于一"礼"。③ 儒家式的私物性子女观通过建立"亲子之爱"与"子女尽孝"间的道德联系，侍奉国君与父亲的伦理要求，以及祭祀中的共生与宿命体验，形成了可安置个人乃至家族整个生命历程的依存关系，致使子女既是父母的私物，也是父母年老时的依靠，更是整个家族延续的一环。现代法律规定的抚养义务与赡养义务，实则就是东方这一古老观念的表现；另一方面，西方以罗马法为底本的家父权（mancipatio）式"私物性子女观"，家庭与国家间不仅权力界限是明确的，更适用不同性质的规则。"（国家）这种权力不是受个人自由的制约，而是受这些团体（指家庭）或其首领的权力的制约……在整个真正的罗马时代，罗马私法就是'家父'或家长的法。"④ 家父之所以是法律所承认的"完人"，并非他是"子女"的"父"，而在于

① 《孝经·开宗明义》

② 《礼记·祭仪》

③ 梁治平. 寻求自然秩序中的和谐：中国传统法律文化研究［M］. 北京：中国政法大学出版社，1991：6-32.

④ ［意］彼得罗·彭梵得. 罗马法教科书［M］. 黄风，译. 北京：中国政法大学出版社，1992：115.

他是"家"的"父"这一身份，古罗马家庭被视为"政治组织"，是社会的基本单位。① 如同组织领导者的权力结构，家父不仅享有家庭内成员的人身财产权②，还应为家庭内成员的社会行为负责。相对地，子女若要突破这种私物性关系，只能基于特定条件脱离原家庭，从处于家父支配权之下的"他权人"成为"自权人"。西方这一观念的现代表现为监护权，当子女满足心智、年龄等条件认定，成为完全民事行为能力人时，则从监护关系中脱离出来。

东、西方"私物性子女观"基于不同的事实：分娩出生的生物性事实与依存于家庭组织的生活性事实。这使得子女即便能够进行自主且理性的决断，也可以被禁锢在为父母所有物的亲子关系，或家庭组织内部的关系之中。在中国当下的亲子关系中，前述东、西方不同的"私物性子女观"都有所体现。它既强调了子女与父母之间伴随终生的相互性，这表现为由"抚养—赡养"关系所凝结的巨大约束力；又以有无民事行为能力作为标识，明确由其监护人对其人身、财产等其他一切合法权益进行保障。是故，在以所有权为核心的自由与责任观念下，国家只能赋予父母以抚养和监护责任以平衡父母对子女的支配权，而直接干预则被视为对父母权益的侵犯，需要保持最大限度的克制。然而，社会进步的实质是"从身份到契约"③，借由理性主义与自由主义神话，将每个人从"血缘—身份"关系的桎梏中解脱出来。而这自然也包括婴幼儿。此外，根据应然与实然二分，分娩出生的生物性事实与依存于

① ［意］格罗索. 罗马法史（2009年校订版）［M］. 黄风，译. 北京：中国政法大学出版社，2009：9.

② 财产方面的发展可以深刻体现这一点，实践中，即便家父会为家了提供一定的特有财产，也会像控股股东一样坐享收益，即便随后的特有产权制度，家子有了自己的财产所有权，家父对某些特有财产也享有用益权。参见黄风. 罗马私法导论［M］. 北京：中国政法大学出版社，2003：125.

③ ［英］梅因. 古代法［M］. 沈景一，译. 北京：商务印书馆，1959：112.

家庭组织的生活性事实，构筑不出规范性意义，也不意味着独立人格的取消。此"独立"不应当是那种"不妥协的自给自足与控制的理想"，① 因为不仅是婴幼儿，没有一个人是完全自立的。

二、独特性下的"社会性子女观"塑造

每位个体的人虽然都不是完全自立的，但都是个别的、不同且特殊的存在，此般意义上的人格形象，才是构筑真实世界的多样性基础。相较于自立性的理解，这种独特性的建构不仅可以同样推出不得武断干涉或支配他人的原则，而且不同的是，独特性建构是人们相互建立丰富关系的前提。子女是与父母不同的个体，因而父母有必要自我审查对子女行使权力的适当性，父母一方对子女的主观依恋不能成为任何借口。② 个体的独特性并不意味着强大，且恰恰相反，作为建立更广泛联系的前提，其意味着人的脆弱性，即"每个人都必须由其他人来满足其情感、物理需求"。③ 有伦理医学学者认为，只有伴随着出生并与周遭复杂的关系开始形成交流，才真正可视为完整的人。④ 日本临床心理学家川井尚曾对一个在婴儿院生活的健康男婴进行了观察，观察的重点主要为其出生后 23 日至 18 个月期间与其他婴儿的关系。结果显示"婴儿很早就与其他孩子有着亲和的联系，并步入了相互作用的体验过程。同时，在出生后 5 个月左右，以游乐设施争夺战为中心，也积累了被打、被弄哭、哭后的争吵、打架等激情的体验"，通过这些事件"获得维系社会

---

① ［美］汉娜·阿伦特. 人的条件［M］. 竺乾威，等译. 上海：上海人民出版社，1999：226.
② 柏女霊峰，山県文治，編著. 新しい子ども家庭福祉［M］. 東京：ミネルヴァ書房，1998.
③ 岡野八代. ケアの倫理から考える福祉権の可能性［C］//尾形健，編. 福祉権保障の現代の展開——生存権論のフロンティアへ. 東京：日本評論社，2018：65-87.
④ Alastair V. Campbell. 医の倫理［M］. 羽白清，羽白多恵子，訳. 東京：紀伊国屋書店，1978：182.

关系的方法，也即交往方法"。① 而且，婴儿之间的互动关系区别于亲子关系，它并不具有亲子关系那般的安全性和不安制止功能，但对婴儿成长同样是重要和不可缺少。婴幼儿成长所依赖的关系是全方面、多层次、互动性的，既包含以父母养育为核心的亲子关系，也包含了与他人共同成长的伙伴关系等。

为此，婴幼儿在"社会性子女观"下的亲子关系中可以有新的理解，这种理解既摆脱了"私物性子女观"的沉疴，也避免了成为独立存在的陷阱。②"社会性子女观"下，婴幼儿不仅是特定父母亲的子女，更是所属社会的一位成员，其成长的过程实质上是一种社会化的过程。"掌握必要的规范、价值意识、行为模式"的社会化教育，不仅依赖于家庭，更需要婴幼儿在社会关系中与他人的互动。婴幼儿与他人建立关系，也是"形成集体和社会的过程"，因为他们是整个社会形成的一部分。③ 限于家庭责任的传统保育观，其合理性依赖于特定的社会结构与历史条件：①子女的社会化主要通过继承家业来实现，这是前现代（premodern）社会的特性；②女性（母亲）被家庭内的保育劳动禁锢其中，这是父系社会的特性。对于现代社会的社会化大生产以及男女平权运动下的家庭架构，"社会性子女观"更适合。亲子关系与其他社会关系都是婴幼儿安心健全成长所必须仰赖的关系，是保证其人生丰富的基础和社会化的必要环节，即社会对每一个婴幼儿成长为合格的社会成员都负有责任。

---

① 川井尚. 赤ちゃんと赤ちゃんの相互作用［J］//小林登，他编. 新しい子ども学 1. 東京：海鳴社，1985：283-302.
② 现代以来，家庭制度新发展的一个最重要趋势是婚姻与家庭的脱钩。身份关系之于家庭在减弱，传统多功能家庭在不断被脱功能化，家庭原来承担的许多功能都逐渐由国家或其他社会组织接手。而且，不论经社文条约抑或国际人权公约，都强调家庭是社会的自然基本团体单位，应尽力予以保护与协助。
③ 中西新太郎. 保育における社会の次元とは［J］. 社会保育実践研究，2017（1）：7-13.

总而言之，若对个体存在的认识不能突破家庭范畴，不能认识到婴幼儿作为独特性个体与他人发生关联的话，既不可能对家庭权力及责任给予限制，也无法适当地引入社会责任帮助婴幼儿的安心健全成长。"私物性子女观"向"社会性子女观"的转化，正是在认识到每个个体的不同而确认婴幼儿主体人格的基础上，围绕着儿童成长的社会化，试图从婴幼儿与家庭及社会关系的视角给予更为适当保障的表现。

第二节　国家与家庭关系的重塑：从"儿童福利"到"儿童家庭福利"

从"私物性子女观"挣脱出来的亲子关系，指向"社会性子女观"。前文已述，监护权的支撑逻辑是私物性子女观，而唯有以社会性子女观为基础才能够理解保育权的逻辑。"社会性子女观"将婴幼儿从家庭亲子关系向社会关系拓展，从而否定了"私物性子女观"下的国家责任与家庭责任间关系。但需要强调的是，社会性子女观并不意味着家庭不再重要，而是需要重构婴幼儿与家庭、社会及国家的关系。在"社会性子女观"下"关系"立场所追求的保育制度下，诞生了"儿童家庭福利"这一概念，其主要侧重于以国家为视角探讨儿童家庭福利与社会、家庭、婴幼儿的关系。本节将从"儿童福利"与"儿童家庭福利"两个概念的区别中进行分析，进一步说明"社会性子女观"下"关系"立场所追求的保育制度与公共责任，侧重于以国家为视角探讨其与社会、家庭和婴幼儿的关系。

一、"儿童福利"下"儿童家庭福利"概念的提出

深受"儿童人权"影响的"儿童福利"概念，以儿童为对象，核心在于"儿童有权享受特别照料和协助的权利"，并保护其不受基于其父母、法定监护人或家庭成员的身份、活动、言论或信仰而加诸的一切形式的歧视或惩罚。① 儿童福利一般分为广义与狭义两种：广义指为了儿童身心健康而举办的各类社会事业，狭义则专指"补充或替代父母照顾和管理儿童，以及对孤儿、弃儿、盲童、聋哑、肢残、弱智儿童等的教养所举办的社会事业。"② 当前中国的儿童福利制度，仍以对低智、盲、残、聋哑儿童的特殊教育与救助，以及孤儿、弃儿的社会管理和收养为重点，并未涉及贫困、缺乏保育乃至一般儿童的保育领域，仍带有很强的"私物性子女观"的印记。③ 过往日本的"儿童福利"概念，对象亦为需要保护的一部分儿童，其儿童福利政策与儿童成长的家庭相切割，从而没有把握整个家庭，主要是承担弥补或代替家庭的养育功能。"私物性子女观"在当中也占据着重要位置，使之同样更接近于狭义的儿童福利概念。

"社会性子女观"的对象是儿童及其所处的社会关系。然而，若只专注于个人（个体能力）的发展、成长来理解孩子发育和保育的脉络，这类个人主义方法论就"找不到那些孩子原本的发展等东西"，"发展

---

① 《儿童人权公约》序言。

② 参见《社会保障辞典》的"儿童福利"词条，相近的叙述可见《人口科学大辞典》《社会学简明辞典》等。张海鹰，主编. 社会保障辞典［S］. 北京：经济管理出版社 . 1993：60-61.

③ 2019 年 1 月 25 日，中华人民共和国民政部儿童福利司成立，有学者认为，这是儿童福利制度发展过程中迈出的关键性一步，让关注对象不只是福利院的孩子，史涉及医疗、教育与家庭等多个部门，而未来真正需要做的是推动儿童福利与家庭福利进入普惠时代，将儿童福利范围扩至所有儿童。参见环球网 . "儿童福利司"首倡者刘继同：要将儿童福利范围扩至所有儿童［N/OL］. (2019-04-23)［2022-01-01］. https：//baijiahao. baidu. com/s? id＝1631566552376215 269&wfr＝spider&for＝pc.

研究的分析单位不是一个孩子"。① 因此，真正的"社会性子女观"并不否定家庭是其重要的成长环境，其主要目的是实现婴幼儿的"社会化"。从婴幼儿到成人的"社会化"过程包含了职业社会化、政治社会化、成长发展社会化三个维度。对应这三个维度，可构造出包括一定经济自立、公民自立、人格自立等社会自立的内涵。② 此外，社会化这一概念更加强调了不能通过济贫恩惠式的成长支援（最低生活保障）或在家庭保育功能出现问题时才事后性地介入保护儿童，而是需要提供一种更为积极的支援性儿童权利保障服务。

回顾日本的儿童福利制度史，首次认识到"儿童福利"与"儿童家庭福利"的区别，并揭示出两者存在转向的，乃《建议：以推进新的"儿童家庭福利"为目标》（1988 年 2 月 16 日）一文。其提到："过去的儿童福利政策"，是"没有充分考虑从家庭整体来把握的文化、健康方面的支援体制"，"从以往的狭义儿童福利到以所有拥有儿童的家庭为对象的儿童家庭福利对策……"。以一部分（弱势）儿童、家庭为对象的"主要是经济生活上的保障"是不足的，"这一家庭机能的提供不仅仅要求家庭，而是一边以家庭为中心，一边展开社会的分担与支持"。③ 概言之，《建议》中的"儿童家庭福利"，可以说是儿童的"健康、文化的家庭功能"，是在"社会性子女观"下，通过家庭以及学校和市民、地区、媒体、企业等社会性的分担、支持共同实现。因此，婴幼儿的安心健全成长，需要一种通过与个人化（individualization）的对比来把握的社会化视点。

---

① 永野重史. 発達とは何か［M］. 東京：東京大学出版会，2001：165.
② 中西新太郎. 保育における社会的次元とは［J］. 社会保育実践研究，2017（1）：7-13.
③ 中村強士. 「子ども家庭福祉」概念の検討［J］. 佛教大学大学院紀要社会福祉学研究科篇，2009，37：71-88.

二、"儿童家庭福利"的保育关系架构

从"儿童福利"转向"儿童家庭福利"的关系变化，可从日本最初要求重新审视"儿童福利"概念的政府相关文件——《旨在建设一个坚强孩子、明朗家庭、充满活力和温柔的地区社会之21世纪计划研究会（儿童未来21世纪研究会）报告书》中得到确认。"以往的'儿童福利'是以对需要保护的儿童、母子家庭等的对策为中心出发的，主要是以代替家庭的养育功能的次要性措施为中心实施的。但是，由于在今天，一般的儿童、家庭中也出现了各种各样的问题，所以今后的儿童家庭政策，并不是像以前那样只以特定的儿童和家庭为对象，而是在以所有孩子的健全培养为对象的同时，有必要将作为儿童生活基础的家庭和所处的地方社会也纳入视野予以考虑。"① 可见，日本在重新检讨了战后46年间流行的"儿童福利"概念后所提出的"儿童家庭福利"概念，不再把保育对象限于特定的儿童，而是把对应于家庭和围绕家庭的地方社会都纳入了保育视野，反而更能把握家庭本身的意义及家庭与社会的关系。② 概言之，"儿童家庭福利"，可以说是儿童的"健康、文化的家庭功能"，是在"社会性子女观"下，"以国家和地方政府为代表的社会全体都有责任给予支援"，即"在家庭和社会的伙伴关系下进

---

① 子供の未来21プラン研究会．たくましい子供・明るい家庭・活力とやさしさに満ちた地域社会をめざす21プラン研究会（報告書）［R/OL］．（1993-07-29）［2022-01-01］．http://www.ipss.go.jp/publication/j/shiryou/no.13/data/shiryou/syakaifukushi/473.pdf.

② 1981年，日本中央儿童福利审议会做出的《有关今后我国的儿童家庭福利的方向（意见汇报）》（1981年12月18日），指出从日本的出生数及出生率低下的问题中，可以意识到虽然已经对儿童福利的各个领域都提出了建议，但仍深刻感受到重要的是担负下一代儿童的健全成长。当时所呈现的人口结构的未来景象，已经不得不使得日本要确定一种称为"儿童家庭福利"的基本方向。参见中村強士．「子ども家庭福祉」概念の検討［J］．佛教大学大学院紀要社会福祉学研究科篇，2009（37）：71-88. 应当注意到的是，目前中国人口结构与20世纪80年代日本的人口结构非常相似，在此背景下，以日本为鉴思考儿童福利政策是有积极意义的。

行育儿"。①

　　整体而言，从"儿童福利"转向"儿童家庭福利"，反映出儿童福利制度的重心从剥离出家庭的儿童转到把握儿童成长的家庭，解决伴随着社会变动而派生出的家庭问题。② "儿童福利"与"儿童家庭福利"的区分，实际上塑造出了两种不同的国家责任。以往的"儿童福利"概念，国家实质上并不考虑对家庭保育功能的修复，且只有在后者无法良好运作或缺失时，国家才直接作为家庭保育功能的替代者。在具体情况中，一旦父母对子女的抚养出现问题，国家就以行政处分的形式来保护儿童，并提供事后处理性质的补充性或代替性的服务。"儿童家庭福利"概念与之不同，其强调的是一种"伙伴关系"，即意味着不存在只有一方在场的情形，家庭方面的羸弱只是意味着国家应该给予更多的帮助与扶持。而且，依据"儿童家庭福利"概念所构建的保育制度，以全部的子女为对象，目的是要从人权尊重、自我实现、儿童权利维护的角度对所有儿童的成长进行预防、促进、启发、教育，进而防止问题的严重化，是对家庭问题作修复性、支援性处理。例如，"儿童家庭福利"这一概念所建构的保育制度要求国家、社会要改善劳动环境与制度，使之兼顾育儿与工作；设置"育儿沙龙"或"育儿广场"，可以让婴儿、未就学的儿童及其监护人轻松聚集在一起；成立"家庭支持中心"，吸收和组织希望提供育儿援助的人和想接受援助的人作为会员以进行地区育儿互助活动等。

---

① 子供の未来21プラン研究会．たくましい子供・明るい家庭・活力とやさしさに満ちた地域社会をめざす21プラン研究会（報告書）［R/OL］．（1993-07-29）［2022-01-01］．http：//www.ipss.go.jp/publication/j/shiryou/no.13/data/shiryou/syakaifukushi/473.pdf.
② 高橋重宏．子ども家庭福祉論——子どもと親のウェルビーイングの促進［M］．東京：放送大学教育振興会，1998：23.

第三节 主体间关系的重塑：从"自主性" 到"自律性"

"社会性子女观"的概念将婴幼儿从作为父母所有物的关系中解放出来，基于个体的独特性与他人建立更广泛且具层次性的关系，加之"儿童家庭福利"的概念，主张以国家和地方政府为代表的社会全体与家庭在保育方面应结成伙伴关系。然而，意志表达不被视为有效的婴幼儿，如何胜任保育权的权利主体角色，以及其相应主体的义务（责任）如何确定，都是无法绕开的问题。

一、从权利主体向主体间关系的转向

如果将保育视为一项权利，面临最大的问题是权利主体一般为以自立性为基础的"自主性（Autonomy）自我"，从而将尚无理解力与判断力、自由意志欠缺以及具有强人身依附性的婴幼儿排除在权利主体的范围外。在分析实证的层面上，霍菲尔德式的权利（claim）依赖于意志的发动，义务是"所当为或不当为者"，源于某人意志做出的权利主张，[①] 而权力（power）更是"某人（或某些人）之意志所能支配的某一或某些事实"的情况下，"意志居于首要支配地位的那个人（或那些人）"所拥有的"改变此法律关系的（法律）权力"，[②] 责任则是在权力指派下产生。在道德哲学的层面上，从罗尔斯式的契约理论中有关人的形象预设，可以看得更清晰。女权主义者（Eva Feder Kittay）曾细致

---

① ［美］霍菲尔德. 基本法律概念［M］. 张书友，译. 北京：中国法制出版社，2009：31-32.
② ［美］霍菲尔德. 基本法律概念［M］. 张书友，译. 北京：中国法制出版社，2009：53.

地论述了罗尔斯的"原初状态",指出其不仅排除了那些依赖他人的人,还排除了那些对依赖他人的人负有主要照顾义务的人。① Martha Nussbaum 接受了这一观点,认为罗尔斯的互惠原则虽然考虑到了人与人之间的关系,但其社会契约框架与"自由、平等、独立"的人的预设,阻止了该原则扩展到无行为能力者的困难案例。② 综上,作为权利学说基础的上述两个层面,都排斥了婴幼儿的存在。传统以自由权为基础的权利(力)构造方式,实际是将"自我"定位在所谓合理判断力的抽象能力中,理念化为不依靠任何人的自立自我,因而没有保育权栖身的空间。

婴幼儿安心健全地成长,需要一种通过与个人化(individualization)的对比来把握的社会化视点。因此,需要将目光从主体转向"主体间关系"③,如此凸显的就不是某一主体的权利(或利益),而是主体间关系中的核心价值,这给我们提供了一个重新审视"自我"与"自主性"概念的契机。这里需要区分权利与价值,权利被视为实现核心价值的修辞和制度手段,而实现价值是主体间建构关系的根本目的。这一区分并非是纯粹的思维游戏,在实践中,权利无时无刻不在亲子间特定关系构

---

① 玛莎·C·努斯鲍姆. 司法的边界:残障,国籍,成员资格 [M]. 剑桥:哈佛大学出版社,2007:91.

② 玛莎·C·努斯鲍姆. 司法的边界:残障,国籍,成员资格 [M]. 剑桥:哈佛大学出版社,2007:91.

③ 主体间关系的转向,可从阿图尔·考夫曼的法哲学中揭示出来。他认为法的旧实体本体论和客观主义看法是错误的,法是一种关系的结构,人们在这种关系中相互依存并与物发生联系,进而确立一种关系联本体论。这一法哲学的新倾向,在道德哲学领域上则集中表现为与罗尔斯式的自由主义相对立的桑德尔式的社群主义,后者将关系置于主体之前,并视为构成个体道德的基础。法学中更具实践性的运用是女权主义理论,由于关注儿童和妇女乃至边缘弱势群体的权利,女权主义者批判传统权利理论中独立、理性的(男性)自我形象,并揭示社会更广泛关系模式对人际关系及个人选择的塑造。因此,这种转向主体间关系的权利视角得到了更多的关注与发展,集大成者为 Jennifer Nedelsky. 详见:[德]考夫曼,哈斯默尔,主编. 当代法哲学和法律理论导论 [M]. 郑永流,译. 北京:法律出版社,2002:19;[美]桑德尔. 自由主义与正义的局限 [M]. 万俊人,等,译. 南京:译林出版社,2001:77-80;詹妮弗·内德尔斯基. 法律关系:自我、自治和法律的相关理论 [M]. 牛津大学出版社,2011.

建、陌生人间关系建立（如签订契约），或者人与人之间彼此尊重等各种关系中发挥着作用。不同的权利意味着不同的法律或规则，进而可以塑造出不同关系以促进或阻碍某特定价值的实现。由此在主体间关系下重构的权利内涵，使我们不必专注于主张权利的意志和相对应义务之间的关系（权利的意志论），也不必面临究竟选择何种利益视为权利的正当性问题（权利的利益论），而是注意到权利在构建人际或主体间关系的方式。例如，在合同关系的推定规则中，若为"买者自负（货物出门概不退换）"，那么将难以促使买卖双方形成信任关系而导致交易成本大幅增加；但若是只要买方合理地信赖卖方所言，卖方可能就要对自身的（一些）不可靠陈述的后果负责，双方就更容易建立信任关系。再如，律师会见犯罪嫌疑人或被告人时不被监听的规则，这加诸公权力之上的义务，目的是为了给辩护律师与当事人之间建立充分的信任关系留有充足的空间。由此可以发现，在实现某种核心价值的主体间关系的建立或塑造过程中，权利结构下的责任分配尤为重要。保育关系的核心价值是婴幼儿的身心健全成长并顺利社会化，而保育权是实现这一价值的修辞和制度手段，其关键在于对相关关系主体的保育责任分配。

二、"自律性"与"自主性"的区别及责任观念

责任分配的重要性，在于其决定了关怀实践的可能与"自律性"的范围。每一个人，即便是鲁滨孙式的人物，都需要有其他人来满足其情感、物质上的需求，尤其对婴幼儿而言，适当的关怀实践是不可或缺的。所谓"自我"，与其说是具有合理判断力、自立自我的理想化形象，毋宁是"自我是个别的，存在于关系之中的，具体的，感性

的"形象。① 由于是存在于关系之中的具体且感性的独特性自我，法律
应被设计为尊重每个个体的不可替代性价值——该价值根据个体所处的
关系之存在方式或被促进或被削弱——的装置。因此，每个人在不同关
系当中应当保持"自律性"，尊重处于共同关系中的其他独特性主体，
父母与子女之间更应如此。在"自主性"概念里，"自律性"一般被视
为"自主性"在社会关系与公共责任中的产物，"自主性"的核心是自
我决定并承担相应后果，而"自律性"则是由于考虑到后果而约束自
我行为决策。然而，这是以"自主性"为逻辑起点的叙事，若将"自
律性"与"自主性"分别作为逻辑起点，指向的就是两种不同的个体
认识及责任观念。

　　"自主性"的前提是个体为分离性个体（故包含"自立性"），是
从对自身的责任出发，进而考虑到自己对他人的责任范围，故，一个人
的责任就是不干涉到他人，并寻求限制干涉和减少伤害的准则。自主性
下的责任，意味着做自己想做的事时避免伤害自己，或者不会因此而减
少其他人的幸福，彼此的自主性通过互惠原则确立。与之相对，"自律
性"的前提是个体为关系性个体，即一个人首先应该考虑到自身行为
会对处于共同关系中的他人带来影响，是从对他人的责任出发，进而考
虑到自己行动的范围。自律性下的责任代表着对他人的恰当反应，它是
对自身行为的拓展而不是限制。② 由此可见，自律性是收缩的，但其责

---

① 此般"自我"形象的说明，使得权利重新概念化，美国学者 Jennifer Nedelsky 将这种再概念化
称为关系性方法。详见：詹妮弗·内德尔斯基. 法律关系：自我、自治和法律的相关理论
[M]. 牛津大学出版社，2011：158. 另，有关该关系性方法，冈野八代作了重要论述，参见冈
野八代. 関係性アプローチと法理論——ジェンダー平等と暴力の観点から [J]. 法社会学，
2016，82：22-39.
② 《不同的声音》中通过两个小孩对责任的阐述，揭示出这两种不同责任的雏形。参见［美］卡
罗尔·吉利根. 不同的声音：心理学理论与妇女发展 [M] 肖巍，译. 北京. 中央编译出版社，
1999：36-37.

任是拓展的，表现为一种关怀行为；而自主性是扩张的，责任却是限制的，为扩张范围设定边界。换言之，自主性下的责任，意味着不去做自己想做的事，因为考虑到了他人；而自律性下的责任，意味着去做他人希望自己去做的事情，无论自己是否想做。①

综上，围绕着婴幼儿保育所形成的关系，每个人是基于婴幼儿的需要而采取适当的关怀行为，而该关怀行为是以自律性为前提的，所以一直存在一种制约的力量，而不会成为一种过分自我意识下的干涉。对于婴幼儿而言，除了获得悉心的照护行为外，更重要的是与他人在交互过程中顺利完成"社会化"。为此，在不同互动的关系情境中需要构造出不同的责任，即对他人的不同需求作出恰当的反应和给予特定的关怀实践。对于婴幼儿的身心健全成长而言，需要在互动中获得安定且信赖的关系，这意味着不同的关怀反馈模式，而保育权正是塑造和促进这些关系的修辞与制度方式。

第四节　保育内涵下的生育友好型社会关系

婴幼儿成长所仰赖的安定且信赖的关系，是生育友好型社会的基础，它需要通过保育权的修辞及其所建构的保育制度来保证。于此，国家发挥着重要作用。以自律性为基础的责任，是一种关系情境式（"视情况而定"）的动态责任，揭示出了行为选择如何受当事人间的关系以及情况变化的影响。保育权内含的结构性关系，以不同主体及活动内容主要分为四类（图5-1）：以监护人养育为核心的亲子关系，以保育

①　[美]卡罗尔·吉利根. 不同的声音：心理学理论与妇女发展 [M]. 肖巍，译. 北京：中央编译出版社，1999：38.

员托育为核心的服务关系，与他人共同成长的伙伴关系，以及作为社会共同体一员的连带关系。这些关系中的不同主体的责任范围，决定了其关怀行为，并为婴幼儿划分出两块不同的行动空间：自我决定及试错的空间和依赖他人（包括父母、监护人、保育员、政府等）关怀或命令的空间。根据自律性原理，依赖他人关怀或命令的空间是由与婴幼儿建立的关系及婴幼儿的需要决定。然而，由于婴幼儿的特性，实践中往往使得自我决定及试错的空间变为由他人决定，即权利被父母、监护人、保育员、政府等主体所瓜分及代表。因此，为了婴幼儿的最大利益，对这些不同主体作基本的责任分配，以及促使他们基于责任而分享的事实权力之间形成相互制约关系是必要的。而且因为分属不同的活动内容，有其特定的场景，所以主体关怀责任之间不会产生太多的冲突而导致责任失焦。当这些权力、信赖、责任及关怀组成的关系被结构化后，也就形成了保育权。①

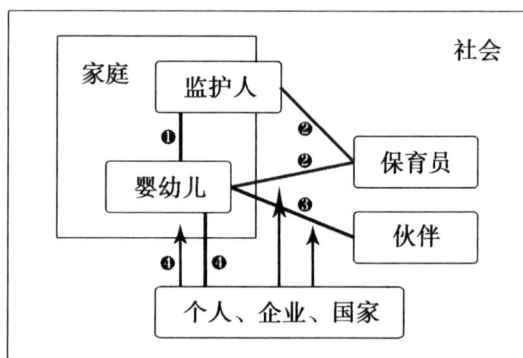

图5　保育权主体结构关系图

其一，以监护人养育为核心的亲子关系。过往，婴幼儿"和监护

①　詹妮弗·内德尔斯基. 法律关系：自我、自治和法律的相关理论［M］. 牛津大学出版社，2011：74.

人一起"时，保育被监护权的义务范围所涵盖而被视为没有专门独立提出的必要。然而，如今保育权的主张，真正地赋予了婴幼儿权利主体地位，并确立了家庭和社会的伙伴关系。保育权已然超越了监护权或抚养权的范围。值得注意的是，社会发展所带来的家庭结构变迁，使得生育家庭不一定只有一个，由于父母离婚、再婚、灾害、疾病等原因，共同生活的形式或暂时改变，或解散、重组的情况并不少见。因此，所有这些亲子关系或拟亲子关系中，相关主体都应当在保育权中得到承认（尤其在为婴幼儿主张权益时），而监护人对婴幼儿享有第一位的责任，但该责任是以对婴幼儿权益保障的便利原则确定的，而不是一种亲缘关系的顺位原则。具体的亲子关系构建中，为了发现与确定婴幼儿在自律意义上的自我决定的空间，监护人与婴幼儿之间必须形成稳定且有效的沟通渠道。这意味着对婴幼儿的抚养要从"家父权"（权威保护）转换为"知情同意"（支持性说明合意）：监护人在婴幼儿没有任何反馈或在特定对婴幼儿有深远且不可逆影响的情形下，不能单方面地设定婴幼儿的自我决定或依赖决策的空间，而需要有其他诸如相关专业人员、社工或政府等主体的适当加入，以达至一种更利于婴幼儿权益实现的合意；甚至在不得已的情况下，创设一个从社会上检查父母权力的机构，禁止监护人独断地决定对婴幼儿未来有深远影响的、不可逆的非恢复性决策，如特定医疗方针、抚养方案等，这是保育权在亲子关系这块应当包含的权利义务内容。此外，有关婴幼儿的需要、状况、能力、性格等，监护人必须从他们身上（动作、表情、声音等）学习获得，婴幼儿不仅用语言，还用身体表达自己的意思，"孩子是不断获得自我评价的存在"。① 这不是完全顺从婴幼儿的需求，而是在基于与他们的共有

---

① 儿玉亮子. 「子どもの視点」による社会学は可能か [J]. 井上俊, 他编. 现代社会学 12: 子どもと教育の社会学. 東京: 岩波書店, 1996: 191-208.

关系下，监护人与婴幼儿均要学会必要的自律而实现恰当空间划分的过程。

其二，以保育员托育为核心的服务关系。不论私立还是公立的保育员，与婴幼儿间形成的关系具有双重性：既包括基于婴幼儿的监护人或代理人（如政府）的委托而形成的契约属性，又包括保育员作为家庭保育的必要支援而形成的社会属性。前者指向对托育合同关系订立的必要规范和限制，后者指向对保育员的职业伦理规范。以往对这一关系的认识，大都停留在契约属性上，因而在实践中常常根据监护人需要并依赖于监护人决策的事项，剥夺了婴幼儿自身对保育员的需求。与亲子关系不同，保育员在对婴幼儿保育的过程中，提供的是另外一种行为交互关系。而且，父母并非是全能的，仅靠父母也不能成为理想的保育主体。因此，托育不应该只为了消除父母的就业和生活压力，更应该以保障所有儿童的安心健全地成长为出发点。① 比如，对于疫情期间无法得到妥善照料又不可能集中托育的婴幼儿，实际就需要保育员提供支援，家庭上门保育就是多形式保育服务中的一种。从根本上来说，保育员是介于亲子关系与社会关系之间的存在，他既不能替代父母对子女的保护与养育，也不能在婴幼儿社会化的成长过程中缺场。支撑这一服务关系的基础是信赖，但信赖不仅源于保育员的专业素养，更源于保育员与婴幼儿、监护人三方建立的稳定关系。保育员承担提供社会性的托育服务的职业伦理责任，这既来自父母的授权，也来自婴幼儿的需要，但终究是来自作为保育权主体的婴幼儿的身心健全发展的需要。概言之，无论是在订立托育合同中确立各主体的权利义务内容，还是确立保育员职业

---

① 参见鷲谷善教，编．子育ての危機と保育の公的保障［M］．東京：ひとなる書房，1984；田中佑子，藤崎真知代．育児の社会化［J］//小林登，他編．新しい子ども学 2．東京：海鳴社，1986：127-201；等。

伦理规范，确保婴幼儿身心健全发展都是核心原则，而非最大利益原则，这是需要强调的。

其三，与他人共同成长的伙伴关系。婴幼儿之间的互动，独立于亲子关系而成立。伙伴关系虽然没有像亲子关系那样具有安全性与不安制止功能，但对培养儿童自律能力以及建立、维系社交能力具有不可替代的意义。如果婴幼儿缺乏这样的关系（尤其独生子女），实际上就意味着家庭养育的孤立化存在，不论对于子女成长抑或父母育儿而言，都不是一件好事。由于核心家庭化、少子化与地区联系稀薄化等原因，更由于现代社会互联网化及邻人陌生化，婴幼儿可能是一种家庭圈养式成长，于共同时空中共享体验变得十分困难。而分离关系下的独立空间并不利于家庭抚养与孩子成长。孤立化的家庭保育，意味着年轻父母们（尤其是单亲妈妈）在育儿方面难以得到周围人的帮助，自然就会抱有"自己在家带小孩，周围没有认识的人所带来的不安"及烦恼。因此，一个让婴幼儿及其监护人轻松聚集在一起的场所，在使婴幼儿们持续获得自由游玩及交互机会的同时，监护人们也能够借此实现以互相交流、分享为主要内容的人际交往。这类场所（尤其托儿所）的存在，连接了一个个独立空间及个体，提供了一个充分的共同空间，使各个个体能够在其中学会建立伙伴关系并共同成长。而且，对缺乏力量的婴幼儿来说，只要在一个安全的环境里，相互之间的争吵打闹都是他们所能自我负责的。更重要的是，在这过程中他们将逐步学会维系社会关系的方法。也就是说，场所主要承担提供一个安全的空间、维护场地及设施安全的责任。最后，对上述提到的共同交往空间、信息交流平台等支持、保障或供给，则是地方政府的重要公共服务责任。

其四，作为社会共同体一员的连带关系。前述三类关系的良好实现，有赖于社会共同体之间关系的支援与保障，这是国家责任的基础。

尽管社会连带责任自古以来就存在，但其在现代税收福利国家中于国家的范围内得到更广泛的凸显。社会连带责任以社会成员间的"人的同理心"为前提，其作为社会共同体的内在逻辑，尤其在对抗"每个人的自利驱动"上，是修正以个人主义为核心的市民法原理的社会法原理基础。连带关系下的保育权，根本上是在社会成员间社会连带责任原理的基础上，加上国家作为责任主体的生存权原理建构而成的。这里的生存权并不单纯地指向生命的维持，而是一种导入社会化观念的成长与发展。现代国家的合法性预设建立在社会契约之上，契约既意味着每个公民作为国家共同体的一员而处于社会连带关系之中，也意味着每一个共同体成员均担负着共同体的未来。而婴幼儿作为共同体成员所蕴含的无限的未来可能性，使得婴幼儿的成长与培养尤为重要。因此，每个人作为共同体的一员，自然享有每一个共同体都固有的身份权利，这当然包括获得保育的权利。对此，社会每一个人、单位、企业，尤其是政府对于保育都负有不可推卸的支援责任。进入 21 世纪以来，国际上关于保育的研究动向，乃着眼于以人才开发为目的的资源投资，但"作为儿童贫困对策，保育在理论上和实证上都受到关注"，保育"作为对处于不平等状况的孩子们发展差距的再分配措施，具有公共性"。① 造成人与人之间差距逐渐扩大的不仅限于贫困，还可以扩展到导致差距的机会、条件、相关因素等。② 因而克服儿童成长过程中出现差距的设施，如托儿所等当然具有公共性。如果忽略这一点，国家只是给予缺乏保育能力的家庭以特别服务那般来看待保育，就会沦为济贫型、替代型的社会福利制度。此外，若只是将保育视为某种减轻双职工家庭的育儿负

---

① OECD 保育白書. 人生の始まりこそ力強く：乳幼児期の教育とケア（ECEC）の国際比較 [M]. 東京：明石書店，2011：46；池本美香. 経済成長戦略として注目される幼児教育・保育政策-諸外国の動向を中心に- [J]. 教育社会学研究，2011（88）：27-45.
② 中西新太郎. 保育における社会的次元とは [J]. 社会保育実践研究，2017（1）：7-13.

担、提高人们的生育意愿，并作为激励型的社会福利制度，实质上都是向"私物性子女观"与"儿童福利"思想的退化。这弱化了国家自身的责任，深刻地损害了保育在婴幼儿的社会化过程中所应承载的再分配平等化的重要功能。因此，国家具有支援上述自然形成的三类育儿关系网络的责任。概言之，保育权的提出，要求国家把具有普惠性、公平性、开放性和再分配性质的保育作为基本的社会公共服务进行提供，并将支援婴幼儿与改善家庭或地区保育环境一同予以考虑。其中，国家具体在托育供给上的责任，已经在前文托育供给制度的构建中作了具体论述。从原理上来说，这也是现代社会自身延续与进步所迫切需要采取的措施。

总的来说，保育权若仅仅限于婴幼儿在适当的环境下获得的"照护"和"教育"的权利的概念表述，是难以付诸实现的，它需要通过不同的主体关系进一步展开。本书通过"社会性子女观"的概念将婴幼儿从作为父母所有物的关系中解放出来，使婴幼儿能够基于个体的独特性而与他人建立起更广泛且具层次性的关系；借由"儿童家庭福利"的概念，主张以国家和地方政府为代表的社会全体与家庭在保育方面应结成伙伴关系，更好地保障婴幼儿权益；在构成保育权内涵的四种关系中，以保育作为再分配的公共服务之功能定位，对国家提出了更高的责任要求，这是能否建构保育制度及其能否获得实效的关键。保育权不是"福利"或"自由"，也不基于雇佣劳动、对国家的任何特定贡献，而是在超越"生存的权利"这一普遍权利的基础上，于每个人安心健全成长所依赖的多元人际关系中诞生的确保最低限度平等的权利。

余　论

　　至此，对本书作一个总结与展望。生育激励机制所立基的生育自由理念，是在个性化与社会化统一下的意志自由与行为自由的统一，其具有双重统一的概念结构，从而具有鲜明的反思性特征与可理解性特征。而且生育自由理念的这种共性，还必须建立在以男性与女性生育实践差异的基础上，也即两性在生育实践自由上并不相同，总的来说，男性更加强调生育实践的可理解性，女性更强调生育实践的反思性，这将表现在生育权的具体权能实现方式上，以及两性生育权实现所产生的依赖关系上，主要为男性实践者由于并不参与受孕后的生育实践，因而要达成其生育实践活动，必须保证其生育意愿能够持续获得另一女性实践者的理解与配合，而对女性实践者而言，从怀孕到生产，整个生育实践过程中始终处于主导地位，这是基于其身体这一资源的支配权所形成的主导地位，也致使她们是生育实践后果的主要且最终承受者。两性生育差异构成了两者合作的基础，但如何促成生育合意是生育制度所必须解决的问题。生育自由理念具有两项根本功能，一是能够兼容不同的生育实践的信念理由，这在当下社会多元生育文化格局里具有重要意义，而且规定了生育激励措施只能作为辅助性理由的事实理由，帮助那些诉诸生育的实施性理由能够胜出；二是作为生育权的核心构成生育权的基本主张，即生育自由所能指向的法律义务主要是生育主体之外的他者不作为义务，而生育主体所要履行的生育或不生育的义务只能基于生命尊严的考量。因此，生育激励机制要立基于生育自由理念，实质上是要立基于对生育权的保障上，而生育权与生育制度的内在张力，又必须借由实践共识的确立、相关权利的保障予以消弭，具体而言，应当明确权利实现的关系性，考虑主体间权利冲突的处理原则、多重主体交叉责任中的分配原则、不同实践情境中的权利保障原则等。权利实现的三类实践域的区分，构成了权利实现的三种基本主体关系框架与模式，成为生育激励机制设计所必须考虑到的原型。对我国生育休假制度与托育供给制度的重塑，以及对未来生育友好型社会的框架构建，就是在一种权利实现的主体关系考虑下完成的。

概言之，生育自由理念下的生育激励机制，应当建立在生育权与保育权两项权利之上，并包含以生育休假制度、生育保险制度、托育供给制度为主的一系列制度，进而最终构建一个生育友好型的社会。无论生育权，还是保育权，都是一种关系型的权利，这两项权利的主体分别为成年男女和婴幼儿，但均涉及婴幼儿/儿童、生育主体/成年男女、家庭、企业/社会及国家等诸主体间的利益分配与权利—义务—责任关系。对生育权的保障是生育激励机制构建的前提及基础，而对保育权的保障是生育激励机制构建的中心与重心。这两项不同的权利，从不同的主体视角很好地涵盖了"生—育"整个过程，从而共同完成生育激励机制的建构。

一个社会，首先是尊重每个人的生育意愿，保障每个人的生育权益，其次是适合每一个婴幼儿安心健全成长，使每一个孩子都能在不同社会关系中获得良好的关怀，而不同主体基于与他们的具体关系，积极承担着相应的责任，那么，这样一个社会，对于每一个人（或每一个父母）而言，就是一个生育友好型的社会，一个有着运作良好的生育激励机制的社会。诚然，在确保保育权实现的四类关系中，每一种关系的维系都是需要成本的，以监护人养育为核心的亲子关系、以保育员托育为核心的服务关系和与他人共同成长的伙伴关系，这三类关系的良好实现，有赖于社会共同体之间关系的支援与保障，即第四种作为社会共同体一员的连带关系。因而保育权的实现是企业、社会、政府与国家的责任，其中又以国家责任为主。生育自由理念下的生育激励机制，蕴含着儿童安心健全成长的权益保障，且后者的责任不能仅仅由家庭承担，过往，对于尚无理解力与判断力的婴幼儿，将其视为具有自立自主人格的主体，来考虑其权利，所导致的结果是实践中监护人的保育责任扭曲为一种人身支配权。为此，笔者才需要对保育权作一种关系性的构建，将婴幼儿保育涉及的诸多关系中的权力、信赖、责任以及关怀予以结构化。保育制度的建立，实乃生育自由理念下的生育激励机制的核心制度，其有助于保障婴幼儿的安心健全成长，并推进男女平权和遏制少子化的加剧。换言之，要明确地方政府责任在其中的重要地位，四种关系的维系不可能仅仅通过家庭责任即可支撑。地方政府责任保障了第一类关系的维系，决定了第二类关系与第四类关系的水平，并为第三种关系的广泛建立提供充分的平台。而且，这其实与经济水平高低并不直接相关，关键的是一地平均生活水平应当与抚养成本相适应，因而激活三四线城市经济、加强这些地方政府在构建生育激励机制的责任，对生育率的提高更有帮助、所付出的成本也更小，也更容易建立起生育友好型社会。

根本上而言，生育激励机制的建构，终究是要回到"人是社会性存在"这一经典判断，社会既是人生存的外在条件，也是创造个体内在的社会性的依存空间，人的存在是有局限性的，不论是刚出生的婴幼儿，还是已经独立生活的成年人，不存在自我充裕的人生、永恒的生命和不变的生活，关怀与被关怀者之间是相互的，其"良好关系"是培养被关怀者维持良善生活能力的重要条件。失去良好关系，人就无法安心健全地成长，人与人就无法结合成家庭，也不会有意愿孕育生命。让我们每个人再一次注视人类的存在状态，其所依赖的社会存在，并重新连接社会，由此我们每个人才能够更好地被出生、成长和生活，也只有这样，生育激励机制才能够在不侵犯生育自由理念的前提下发挥其作用，我们愿意让下一代降临在这世界上，正是因为我们被这个社会温柔以待，而我们也希望这个社会能够继续温柔地延续下去。

主要参考文献

包亚明，编. 后现代性与地理学的政治 ［M］. 上海：上海世纪出版集团，上海教育出版社，2001.

陈明显. 中华人民共和国政治制度史 ［M］. 天津：南开大学出版社，1998.

陈新民. 德国公法学基础理论 ［M］. 济南：山东人民出版社，2001.

费孝通. 乡土中国 生育制度 ［M］. 北京：北京大学出版社，1998.

葛洪义，主编. 法理学（第三版）［M］. 北京：中国政法大学出版社，2017.

何东，清庆瑞，黄文真，王钦民. 中国共产党土地改革史 ［M］. 北京：中国国际广播出版社，1993.

黄风. 罗马私法导论 ［M］. 北京：中国政法大学出版社，2003.

江平，主编. 民法学 ［M］. 北京：中国政法大学出版社，2000.

李强. 农民工与中国社会分层 ［M］. 北京：社会科学文献出版社，2004.

李银河. 生育与村落文化 ［M］. 呼和浩特：内蒙古大学出版社，2009.

梁治平．寻求自然秩序中的和谐：中国传统法律文化研究［M］．北京：中国政法大学出版社，1991.

毛泽东．毛泽东选集（第4卷）［M］．北京：人民出版社，1991.

毛泽东．毛泽东选集（第5卷）［M］．北京：人民出版社，1977.

庞钊珺，杨进红，李玉芳．学前教育简史［M］．成都：西南财经大学出版社，2018.

彭珮云，编．中国计划生育全书［M］．北京：中国人口出版社，1997.

孙沐寒，编．中国计划生育史稿［M］．长春：北方妇女儿童出版社，1987.

徐向东．道德哲学与实践理性［M］．北京：商务印书馆，2006.

杨魁孚，梁济民，张凡．中国人口与计划生育大事要览［M］．北京：中国人口出版社，2001.

湛中乐，等．公民生育权与社会抚养费制度研究［M］．北京：法律出版社，2011.

张文显．法哲学研究范畴（修订版）［M］．北京：中国政法大学出版社，2001.

张文显，主编．法理学（第五版）［M］．北京：高等教育出版社，2018.

张五常．经济解释（2014增订本）［M］．北京：中信出版社，2015：97-98.

赵鼎新．社会与政治运动讲义［M］．北京：社会科学文献出版社，2012.

中国妇女管理干部学院．中国妇女运动文献资料汇编（第2册1949—1983）［M］．北京：中国妇女出版社，1988.

周平．生育与法律：生育权制度解读及冲突配置［M］．北京：人民出版社，2009．

［奥］弗里德里希·哈耶克．哈耶克论文集［C］．邓正来，选编，译．北京：首都经济贸易大学出版社，2001．

［丹］卡塔琳娜·托玛瑟夫斯基．人口政策中的人权问题［M］．毕小青，译．北京：中国社会科学出版社．

［德］迪特马尔·冯·德尔·普佛尔滕．法哲学导论［M］．雷磊，译．北京：中国政法大学出版社．

［德］考夫曼，哈斯默尔，主编．当代法哲学和法律理论导论［M］．郑永流，译．北京：法律出版社，2002．

［德］鲁道夫·斯门德．宪法与实在宪法［M］．曾韬，译．北京：商务印书馆，2019．

［德］马克思．资本论［M］．中共中央马克思恩格斯列宁斯大林著作编译局，编译．北京：人民出版社，2004．

［德］马克斯·韦伯．社会学的基本概念［M］．顾中华，译．桂林：广西师范出版社，2005．

［德］马克斯·韦伯．中国的宗教：儒教与道教［M］．康乐，简惠美，译．桂林：广西师范大学出版社，2010．

［法］皮埃尔·布迪厄，［美］华康德．实践与反思——反思社会学导引［M］．李猛，李康，译，邓正来，校．北京：中央编译出版社，1998．

［美］艾伦·德肖维茨．你的权利从哪里来？［M］．黄煜文，译．北京：北京大学出版社，2014．

［美］菲利普·科特勒，加里·阿姆斯特朗．市场营销原理（第14版全球版）［M］．郭国庆，译．北京：清华大学出版社，2015．

［美］汉娜·阿伦特. 人的条件［M］. 竺乾威，等，译. 上海：上海人民出版社，1999.

［美］霍菲尔德. 基本法律概念［M］. 张书友，编译. 北京：中国法制出版社，2009.

［美］加里·S. 贝克尔. 人类行为的经济分析［M］. 王业宇，陈琪，译. 上海：上海三联书店，上海人民出版社，1995.

［美］卡尔·威尔曼. 真正的权利［M］. 刘振宇，等，译. 刘振宇，译校，刘作翔，审定. 北京：商务印书馆，2015.

［美］卡罗尔·吉利根. 不同的声音：心理学理论与妇女发展［M］. 肖巍，译. 北京：中央编译出版社，1999.

［美］克利福德·吉尔兹. 地方性知识——阐释人类学论文集［M］. 王海龙，张家瑄，译. 北京：中央编译出版社，2000.

［美］佩格·蒂特尔. 图利的猫——史上最著名的 116 个思想悖论［M］. 李思逸，译. 重庆：重庆大学出版社，2012.

［美］桑德尔. 自由主义与正义的局限［M］. 万俊人，等，译. 南京：译林出版社，2001.

［日］山田昌宏. 少子社会［M］. 丁青，译. 上海：上海教育出版社，2021.

［意］彼得罗·彭梵得. 罗马法教科书［M］. 黄风，译. 北京：中国政法大学出版社，1992.

［意］格罗索. 罗马法史（2009 年校订版）［M］. 黄风，译. 北京：中国政法大学出版社，2009.

［英］安东尼·吉登斯. 社会理论的核心问题：社会分析中的行动、结构和矛盾［M］. 郭忠华，徐法寅，译. 上海：上海译文出版社，2015.

[英] 安东尼·吉登斯. 社会理论的核心问题: 社会分析中的行动、结构和矛盾 [M]. 郭忠华, 徐法寅, 译. 上海: 上海译文出版社, 2015.

[英] 安东尼·吉登斯. 社会理论的核心问题: 社会分析中的行动、结构和矛盾 [M]. 郭忠华, 徐法寅, 译. 上海: 上海译文出版社, 2015.

[英] 梅因. 古代法 [M]. 沈景一, 译. 北京: 商务印书馆, 1959.

[英] 约瑟夫·拉兹. 实践理性与规范 [M]. 朱学平, 译. 北京: 中国法制出版社, 2011.

陈雷. 论财税法的激励功能在全面放开二孩政策中的运用 [J]. 税务与经济, 2017 (06).

陈雅凌. 夫妻生育权冲突之对策研究 [J]. 中国社会科学院研究生院学报, 2021 (1).

樊林. 生育权探析 [J]. 法学, 2000 (9): 32-42.

葛洪义. 法律·权利·权利本位——新时期法学视角的转换及其意义 [J]. 社会科学, 1991 (03): 29-33.

国家卫生和计划生育委员会. 2013 中国卫生和计划生育统计年鉴 [J]. 北京: 中国协和医科大学出版社, 2013.

贺雪峰. 新时期中国农村社会的性质散论 [J]. 云南师范大学学报 (哲学社会科学版), 2013, 45 (3).

胡敏洁. 学龄前儿童照顾政策中的公私责任分配 [J]. 北京行政学院学报, 2019 (2).

李步云. 论人权的三种存在形态 [J]. 法学研究, 1991 (4).

李涌平. 论传统的生育文化 [J]. 中国文化研究, 1996 (2).

刘骥, 德新健. 计划生育政策执行探析: 兼论计生改革的难点与方

向 [J]. 中国行政管理, 2015 (6).

刘志刚. 单身女性生育权的合法性——兼与汤擎同志商榷 [J]. 法学, 2003 (2).

罗伯特·阿列克西, 张龑. 论商讨理论中的实践理性概念 [J]. 法哲学与法社会学论丛, 2006, 9 (1).

马强. 论生育权——以侵害生育权的民法保护为中心 [J]. 政治与法律, 2013 (06).

马忆南. 夫妻生育权冲突解决模式 [J]. 法学, 2010 (12).

牛昉, 康喜平. 陕甘宁边区人口概述 [J]. 延安大学学报 (社会科学版), 1992 (3): 36-40.

潘皞宇. 以生育权冲突理论为基础探寻夫妻间生育权的共有属性——兼评"婚姻法解释 (三)"第九条 [J]. 法学评论, 2012, 30 (1).

史慧中. 中华人民共和国幼儿教育50年大事记 (一至六) [J]. 幼儿教育, 1999 (10) ~2000 (3).

谭桂珍. 论"生育权"及其救济 [J]. 湘潭大学社会科学学报, 2003 (2).

王歌雅. 生育权的理性探究 [J]. 求是学刊, 2007 (6).

王宏德. 纳粹"生命之源"计划始末 [J]. 世界知识, 2007 (20).

王跃生. 制度与中国当代生育行为关系分析 [J]. 中国高校社会科学, 2016 (2).

翁壮壮. 基本权利对第三人效力之重构——以合宪性解释的程式性理解为视角 [J]. 人权研究 (辑刊), 2021, 24 (1).

邢玉霞. 现代婚姻家庭中生育权冲突之法律救济 [J]. 法学杂志, 2009, 30 (07).

杨菊华. 理论基础、现实依据与改革思路：中国 3 岁以下婴幼儿托育服务发展研究 [J]. 社会科学，2018（09）.

杨雪燕，井文，王洒洒，高琛卓. 中国 0—3 岁婴幼儿托育服务实践模式评估 [J]. 人口学刊，2019，41（1）.

于柏华. 权利的证立论：超越意志论和利益论 [J]. 法制与社会发展，2021，27（5）.

余军. 生育自由的保障与规制——美国与德国宪法对中国的启示 [J]. 武汉大学学报（哲学社会科学版），2016，69（05）.

岳经纶，范昕. 中国儿童照顾政策体系：回顾、反思与重构 [J]. 中国社会科学，2018（9）.

张雪晖，刘燕妮. 论生育权的性质及其侵权形态 [J]. 法制博览（中旬刊），2013（9）.

郑卫东. 集体化时期的分配制度与人口生育——以日照市东村为中心（1949~1973）[J]. 开放时代，2010（05）.

中央人民政府法制委员会. 婚姻问题参考资料汇编（第 1 辑）[J]. 北京：新华书店，1950.

周永坤. 丈夫生育权的法理问题研究——兼评《婚姻法解释（三）》第 9 条 [J]. 法学，2014（12）.

朱振. 妊娠女性的生育权及其行使的限度——以《婚姻法》司法解释（三）第 9 条为主线的分析 [J]. 法商研究，2016，33（6）.

葛洪义. 法与实践理性 [D]. 北京：中国社会科学院研究生院，2002.

李东. 生育权研究 [D]. 吉林大学，2007.

王琪. 关于生育权的理论思考 [D]. 吉林：吉林大学，2012.

杨华. 隐藏的世界：湘南水村妇女的人生归属与生命意义 [D].

武汉：华中科技大学，2010.

余军. 论未列举权利：论据、规范与方法［D］. 杭州：浙江大学，2009.

顾宝昌，编. 社会人口学的视野［C］. 北京：商务印书馆，1992：133.

姚新武，尹华. 中国常用人口数据集［S］. 北京：中国人口出版社，1994.

刘志彪，张晔. 提高生育率：新时代中国人口发展的新任务［N］. 新华日报，2018-08-14（13）.

上海市托幼协会.0—3岁托育行业各国政府政策对比［N/OL］.（2019-03-04）［2022-01-01］. http：//www. shstyxh. com/shtyxh/index/news/newsDetail？id＝1258.

中国人才发展报告2012［R］. 北京：社会科学文献出版社，2012.

中商产业研究院.2018中国早教行业市场研究报告［R］. 2019-01-07，25.

任泽平，熊柴，周哲. 中国生育报告（2020）［R/OL］.（2020-04-06）［2022-01-01］. http：//news. hexun. com/2020-04-06/200906945. html.

Alastair V. Campbell. 医の倫理［M］. 羽白清，羽白多惠子，訳. 東京：紀伊国屋書店，1978.

詹妮弗·内德尔斯基. 法律关系：自我、自治和法律的相关理论［M］. 牛津大学出版社，2011.

何塞·路易斯·伯尔穆德兹，阿兰·米拉尔（编）原因与性质：合理性理论分析论文集［M］. 纽约：牛津大学出版社，2002.

约瑟夫·拉兹：公共领域的伦理学：法律和政治道德论文集［M］.

纽约：牛津大学出版社，1995.

约瑟夫·拉兹. 实践理性与规范 [M]. 纽约：牛津大学出版社，1999.

L. W. 萨姆纳. 权利的道德基础 [M]. 纽约：牛津大学出版社，1987：27-31.

丽萨·派恩. 纳粹的家庭政策，1933-1945 [M]. 纽约：博格出版社，1997.

玛莎·C·努斯鲍姆. 司法的边界：残障，国籍，成员资格 [M]. 剑桥：哈佛大学出版社，2007.

米歇尔·穆顿. 从培育民族到净化人民：魏玛与纳粹家庭政策，1918-1945 [M]. 华盛顿特区：剑桥大学出版社，2007.

OECD 保育白書. 人生の始まりこそ力強く：乳幼児期の教育とケア（ECEC）の国際比較 [M]. 東京：明石書店，2011.

参见罗伯特·阿列克西. 一种宪法权利的理论 [M]. Julian Rivers，译. 纽约：牛津大学，2002.

斯蒂布·马修. 第三帝国的妇女 [M]. 纽约：牛津大学出版社，2003.

See Hohfeld, Wesley Newcomb. "Fundamental Legal Conceptions as Applied in Judicial Reasoning." The Yale Law Journal, vol. 26, no. 8, 1917, pp. 710-770. 参见韦斯利·霍菲尔德. 司法推理中应用的基本法律概念 [J]. 耶鲁法律期刊，1917 年第 26 卷，第 710-770 页。

柏女霊峰，山県文治，編著. 新しい子ども家庭福祉 [M]. 東京：ミネルヴァ書房，1998.

高橋重宏. 子ども家庭福祉論——子どもと親のウェルビーイングの促進 [M]. 東京：放送大学教育振興会，1998.

鷲谷善教，編．子育ての危機と保育の公的保障［M］．東京：ひ
となる書房，1984．

西村豁通，荒又重雄．新社会政策を学ぶ［M］．東京：有斐閣，
1989．

脇貴志．事件と事故が多発するブラック保育園のリアル［M］．
東京：幻冬舎，2016．

永野重史．発達とは何か［M］．東京：東京大学出版会，2001．

道格拉斯·纳吉姆．父母身份的本质［J］．耶鲁法律评论，
2017．126．

亨利·P.戴维，乔晨·莱施哈克尔，夏洛特·霍恩．纳粹德国的
堕胎与优生学［J］．人口与发展观察，1988，14（1）．

沙伦·贝塞尔，塔利·加尔．形成伙伴关系：需要照顾和保护的儿
童的人权［J］．国际儿童权利期刊，2009，17（2）．

苏珊娜．W．赫尔本，卡罗莉·豪斯．儿童保育成本与质量［J］．
儿童的未来，1996，6（2）．

Tim Mason. Women in Germany，1925 – 1940：Family，Welfare and
Work（Part I）［J］．History Workshop，1976（1）．

蒂姆·梅森．德国女人，1925–1940：家庭、福利和工作（第一部
分）［J］．历史研讨会，1976（1）．薇安·A.施密特．话语在福利国家
调整的政治中重要吗？［J］．比较政治研究，2002，35（2）．

池本美香．経済成長戦略として注目される幼児教育·保育政策-
諸外国の動向を中心に-［J］．教育社会学研究，2011（88）．

川井尚．赤ちゃんと赤ちゃんの相互作用［J］//小林登，他編．
新しい子ども学 1．東京：海鳴社，1985．

大倉得史．保育の市場化によって保育の質は上がるのか［J］．人

間・環境学，2017，26.

　　児玉亮子.「子どもの視点」による社会学は可能か［J］. 井上俊，他編. 現代社会学 12：子どもと教育の社会学. 東京：岩波書店，1996：191-208.

　　岡野八代. 関係性アプローチと法理論——ジェンダー平等と暴力の観点から［J］. 法社会学，2016，82.

　　鈴木正敏. 幼児教育・保育をめぐる国際的動向— OECD の視点から見た質の向上と保育政策—［J］. 教育学研究，2014，81（4）.

　　平岡公一. 社会サービス市場の諸論理と国際比較研究の可能性［J］. 社会政策，2017，9（2）.

　　若尾典子. 子どもの人権としての「保育」——ケアと日本国憲法［J］. 福祉教育開発センター紀要，2017（14）.

　　山口慎太郎. 日本の育休が「制度は最高取得は最低」なワケ［J/OL］. （2020-01-25）［2022-01-01］. https：//president. jp/articles/-/31567?.

　　山野良一. 子どもの貧困対策としての保育：ヘックマントエスピン＝アンデルセンの視点から［J］. 社会保育実践研究，2017（1）.

　　藤井伸夫. 子どもの保育—今，何が問題か—［J］. 人権と部落問題，2016，68（12）.

　　田中佑子，藤崎真知代. 育児の社会化［J］//小林登，他編. 新しい子ども学 2. 東京：海鳴社，1986.

　　尾形健，編. 福祉権保障の現代的展開——生存権論のフロンティアへ［C］. 東京：日本評論社，2018.

　　小泉広子. 子ども・子育て支援関連 3：法と子どもの権利［J］. 日本教育法学会年報，2014，43.

小尾晴美．市場原理の導入と保育の質［J］．社会保育実践研究，2017（1）．

新田秀樹．2012 年の児童福祉法改正後の市町村の保育の実施義務（控訴審判決評釈）［J］．社会保障研究，2017，2（2・3）．

野辺英俊．保育制度の現状と課題［J］．調査と情報 2010，667．

中村強士．「子ども家庭福祉」概念の検討［J］．佛教大学大学院紀要社会福祉学研究科篇，2009，37．

中西新太郎．保育における社会的次元とは［J］．社会保育実践研究，2017（1）．

2020（令和 2）年 4 月 1 日時点の待機児童数について［R/OL］．（2020-09-04） ［2022-01-01］．https：//www. mhlw. go. jp/content/11922000/000666988. pdf.

经合组织．幼儿参与权：关于幼儿教育和保育质量研究的经验教训［R/OL］．（2018-03-27，2022-01-01）．https：//www. oecd-ilibrary. org/education/starting-strong_ 25216031.

ベネッセ次世代研究所，編．第 1 回幼児教育・保育についての基本調査報告書（幼稚園編・保育園編）［R］．東京：株式会社ベネッセコーポレーション，2012．

待機児童解消に向けた取組の状況について［R/OL］．（2018-04-01）［2022-01-01］https：//www. mhlw. go. jp/content/11907000/000356833. pdf.

待機児童解消に向けた取組の状況について［R/OL］．（2018-09-18）［2022-01-01］．https：//www. mhlw. go. jp/content/11907000/000356833. pdf.

令和 2 年版：少子化社会対策白書（2020-07-01）［2022-01-01］

https：//www8. cao. go. jp/shoushi/shoushika/whitepaper/measures/w – 2020/ r02pdfhonpen/r02honpen. html.

子供の未来21プラン研究会. たくましい子供・明るい家庭・活力 とやさしさに満ちた地域社会をめざす21プラン研究会（報告書）［R/ OL］. （1993–07–29）［2022–01–01］. http：//www. ipss. go. jp/publica- tion/j/shiryou/no. 13/data/shiryou/syakaifukushi/473. pdf.

总务省统计局. 第 68 回日本统计年鉴（2019 年）［M/OL］. （2018– 11–01）［2022–01–01］. https：//www. stat. go. jp/data/nenkan/68nenkan/ zenbun/jp68/index_ h5. html